文史哲學集成

葉程義 著

老子道經管窺

文史哲出版社 印行

國立中央圖書館出版品預行編目資料

老子道經管窺 / 葉程義著. -- 初版. -- 臺北市
: 文史哲, 民82
4,263面 ; 21公分. -- (文史哲學集成 ; 272)
參考書目:面251-263
ISBN 957-547-198-9(平裝)

1.老子 - 批評解釋等

121.317　　82001436

文史哲學集成 ㉗②

老子道經管窺

著者：葉程義
出版者：文史哲出版社
登記證字號：行政院新聞局局版臺業字五三三七號
發行人：彭正雄
發行所：文史哲出版社
台北市羅斯福路一段七十二巷四號
郵撥〇五一二八八一二彭正雄帳戶
電話：三五一一〇二八
印刷者：文史哲出版社

實價新台幣三六〇元

中華民國八十二年三月初版

ISBN 957-547-198-9

老子道經管窺　目錄

甲、緒論

一、弁言

老子猶龍，其學神妙莫測，聖哲如夫子者，亦曾無比讚嘆。嘗云：

> 鳥，吾知其能飛；魚，吾知其能游；獸，吾知其能走。走者，可以爲罔；游者，可以爲綸；飛者，可以爲矰。至於龍，吾不能知其乘風雲而上天。吾今日見老子，其猶龍邪！①

職是之故，魯鈍如不佞者，欲探堂奧，無異以管窺天，以蠡測海，難免有井蛙夏蟲之見，曲士河伯之說。愚自知不敏，惟以偏愛道術，益愛老學；日夜瀏覽，心遊目想，浸沉陶醉，怡然自樂。焚膏油以繼晷，恆兀兀以窮年；踵常途之促促，窺陳編以盜竊；歷數寒數，賴以完成；一得之見，顏之曰《老子道經管窺》，以就教於方家耳。

二、研究動機

老子之學說，荀子批評之，莊子天下篇稱述之，韓非子「解」之「喻」之，戰國策中，遊說之士亦引用之；故可知其在戰國時，已爲「顯學」矣。②老子一書，雖毁譽參半，譽之者謂積極有爲，智慧之言；毁之者，謂消極無爲，陰謀之論。尤以曲解誤說，聚訟紛紜，入主出奴，齗齗不已。今不自量，而試探索，以冀釋誤求眞焉。茲歸納其誤，約有數端，分述於后。

㈠、誤以「無」爲「空」

佛家所謂之「空」，即等於「零」，而非老子之所謂「無」，如以「佛」解「老」，則失之矣。此誤一也。故佛學之所謂四大皆「空」，確有消極之義，而老學所謂之「無」，即等於「道」，而非等於「零」，則有生機蓬勃，創造宇宙萬物之積極思想，亦即其道生萬物之「宇宙論」。故一章云：

無、名天地之始；有、名萬物之母。

㈡、誤以「有無」爲「對立」

老子以爲宇宙事物，皆相互而倚存，而非相互對立，處於敵對狀態。若以「師是而無非，師治而無亂。」是猶「師天而無地，師陰而無陽。」是未明天地之理，萬物之情，其不可行明矣。然且語而不舍，則遭漆園所譏，非愚則誣。此誤二也。老學以爲「有」「無」相生，而相輔爲用：以車中空虛，則能載人運物，而有車之用。以器皿中間空虛，則能容物，而有器之用，以室內空虛，則可居人儲物，而有室之用。亦即其相互倚存之相對論矣。故十一章云：

三十輻，共一轂，當其無，有車之用。埏埴以爲器，當其無，有器之用。鑿戶牖以爲室，當其無，有室之用。故有之以爲利，無之以爲用。

㈢、誤以「天」爲「天帝」

老子以爲天地之道，自然無爲。功成身退，名就則隱，物有成住壞空，人有生老病死，此乃自然之現象。《書・湯誥》所謂「天道福善禍淫」，《書・泰誓下》所謂「上帝弗順」，《詩・大雅生民》所謂「上帝不寧」，《禮・月令》所謂「上帝其饗」，佛家所謂「天帝即天主」③此皆指有意志之天，亦即萬物之主宰，如以此解老，則失之矣。此誤三也。老學以「天」爲「自然之道」，而無意志者，亦即其自然無爲之天道論矣。故九章云：

功遂，身退，天之道。

胡適亦以老子認爲天道無知，其云：

老子哲學的根本觀念是他的天道觀念。老子以前的天道觀念，都把天看作一個有意志、有知識、能喜、能怒、能作威作福的主宰。……老子生在那種紛爭大亂的時代，眼見殺人、破家、滅國等等慘禍，以爲若有一個有意志知覺的天帝，決不致有這種慘禍。④

㈣、誤以「無爲」爲「無所作爲」

老子以爲理想之政治，則爲無爲而治。無爲者，順應自然之道，無爲而無不爲，並非無所作爲，亦非放任無爲，更非陰謀詐術，表面僞裝不爲，暗地則無所不爲也。若以此解老，則失之矣。此誤四也。夫鵠不旦浴而白，烏不日黔而黑。黑白之朴，出乎自然。故必須受自然規律之約束，不可放任脫軌也。否則，如揠苗助長，則有爲而傷物，此人爲而非自然無爲也。亦即無爲而治之無爲論矣。故三章云：

聖人之治，虛其心，實其腹，弱其志，強其骨。常使民無知無欲，使夫智者不敢爲也。爲無爲，則無不治。

五、誤以「柔弱」爲「怯懦」

老子以爲處世之道，莫過於柔弱、謙卑、居後、不爭也。柔弱並非怯懦，若以此解之，則失之矣。此誤五也。守弱乃係戒愼恐懼，臨淵履冰，謹愼將事之謂也。故十五章云：

豫焉若冬涉川，猶兮若畏四鄰。

夫柔弱勝剛強者，意謂不可恃剛陵物，強悍暴戾。蓋物極必反，物盛則衰，爭勝逞強，不合於道，不明於道，如飄風驟雨，速趨滅亡也。故三十章云：

物壯則老，是謂不道，不道早已。

六、誤以「不爭」爲「出世」

老子所謂謙卑、不爭，乃係不爭名利，收斂鋒芒，不譴是非，超脫糾紛，隱藏才智，而不自顯露，與塵俗相合，而不自立異；處光明之世，不流於俗；居黑暗之時，不渝其眞，而韜光養晦是也。若以消極避世而解之，則失之矣。此誤六也。故四章云：

挫其銳，解其紛，和其光，同其塵。

七、誤以「無私」爲「自私」

老子以爲夫人不爭，則能無私。天地無私，故能長久；聖人無私，故能永生。若解以「無私」爲手段，而陰謀「自私」爲目的，則失之矣。此誤七也。老學之意，當效法天地之無私也。以上所述，亦即守柔不爭之處世論也。故七章云：

> 天地所以能長且久者，以其不自生，故能長生。是以聖人後其身而身先，外其身而身存。非以其無私邪？故能成其私。

(八)、誤以「虛無清靜」爲「消極厭世」

老子以爲道不可見，虛而不滿，源遠流長，綿綿不絕，用之不竭。其深不可測，爲萬物所依歸。故四章云：

> 道沖，而用之或不盈。淵兮似萬物之宗。

夫天地之間，廓然空虛，猶如風箱，不動則虛靜無爲，而其用無窮；動之則汩汩生風，源源不絕。故能生化萬物，滋生繁衍，具有蓬勃生長之積極意義。若以消極厭世言之，則失之矣。此誤八也。故五章云：

> 天地之間，其猶橐籥乎！虛而不屈，動而愈出。

(九)、誤以「淡泊寡欲」爲「消沉出世」

老子以爲修身之道，莫過於清靜寡欲，不失赤子之心。唯私心欲望，與生俱來，隨嬰兒成長而俱增。禁絕私欲，違背情理，故主張「少私寡欲」。夫玩物喪志，欲壑難塡，聲色犬馬，有害身心，不如少私寡欲，保性全眞，具有修身養生之積極意義。若以消沉出世視之，則失之矣。此誤九也。以上所述，亦即清靜寡欲之修身論也。故十二章云：

五色令人目盲，五音令人耳聾，五味令人口爽。馳騁田獵，令人心發狂；難得之貨，令人行妨。是以聖人爲腹不爲目，故去彼取此。

夫聖人以無爲而處事，以不言而施教，順乎萬物自然生長而不揠苗助長，生養萬物而不據爲己有，作育萬物而不自恃其能，成就萬物而不自居其功。正由於不自居其功，與世無爭，反而其功績永垂不朽。具有積極創造之意義，豈有消沉出世之思想？故二章云：

是以聖人處無爲之事，行不言之教。萬物作焉而不辭，生而不有，爲而不恃，功成而弗居。夫唯弗居，是以不去。

㈩、誤以「絶聖棄智」爲「愚民政策」

老子以爲徒恃才識以行事，逞其聰明以巧取，損人利己，故曰必須棄絶。蓋上焉者，以才識權術而治民，相率而爲僞，下焉者，詐騙掠奪，狼狽而爲奸。故屏棄譎巧智術，少私寡欲，則欺世盜民之徒，無由產生矣。漆園嘗云：「絶聖棄智，大盜乃止。」⑤「絶聖棄智，而天下大治。」⑥而得老學之三昧。若以爲「愚民政策」，則失之矣。此誤十也。故十九章云：

絶聖棄智，民利百倍；絶仁棄義，民復孝慈，絶巧棄利，盜賊無有。

至於六十五章云：

古之善爲道者，非以明民，將以愚之。民之難治，以其智多。故以智治國，國之賊；不以智治國，國之福。

蓋聖人以道治民，使民無僞，世風淳樸，百姓沌愚。若智巧愈多，詐取掠奪，紛爭聚訟，是以難治。是故以智巧治國，譎詐陷騙，則民亦蒙蔽隱瞞，陽奉陰違，上下相欺，奸僞日滋，是謂國家之禍。反之，以誠信待民，而民情淳厚憨愚，社會安樂，則爲國家之福矣。是故老子之所謂「愚」，當指道之「眞樸」，而非「愚蠢」者也。蓋老學之所謂「愚」，實係無知無欲，一片渾沌。故二十章云：

我愚人之心也哉！沌沌兮！

(十一)、誤以「厭兵反戰」爲「頹唐避世」

老子之厭兵反戰，爲人道主義思想之流露，亦即其悲天憫人，慈悲救世之積極心懷。豈可謂之消極避世？若以此論之，則失之矣。此誤十有一也。

戰爭動武，互相殺戮，血流成渠，屍骨遍野，慘不忍睹，猶如凶喪不祥之事，令人悲痛欲絕。故有仁道之君子，不居心好戰。以刀劍爲凶器，乃是不祥之物，非仁人君子所喜愛者也。若無可奈何而使用武力，亦不可濫殺無辜之民，如果戰勝，亦不驕狂誇耀，若耀武揚威，此即表示其好殺之心。蓋好殺之屠夫，必遭天下人之厭惡唾棄，不能實現其野心，終嘗失敗之苦果。

夫戰爭殘酷，傷亡慘重，當以悲天憫人之心而哀悼陣亡將士。凱旋而歸，亦當以悲痛心情，如行喪禮，哀悼死難者。此即老學厭兵反戰之人道論矣。故三十一章云：

夫兵者，不祥之器，物或惡之，故有道者不處。……兵者，不祥之器，非君子之器，不得已而用之，恬淡爲上。勝而不美，而美之者，是樂殺人。夫樂殺人者，則不可得志於天下矣。……殺人之衆，以悲哀立之，戰勝，以喪禮處之。

(十二)、誤以「欲取固與」爲「陰謀詐術」

老子以爲宇宙事物，有物極必反，周而復始之理；有陰晴圓缺，悲歡離合之象，以此自然之道，處理事物，將欲收縮之，不妨姑且鬆馳之；將欲削弱之，不妨姑且加強之；將欲廢棄之，不妨姑且提舉之；將欲奪取之，不妨姑且讓與之。此之謂見微知著，洞燭先機，防患未然也。總而言之，柔可克剛，弱能勝強也。故三十六章云：

> 將欲歙之，必固張之；將欲弱之，必固強之；將欲廢之，必固舉之；將欲奪之，必固與之。是謂微明。柔弱勝剛強。

若以此而謂陰謀權詐，則失之矣。此誤十有二也。韓非〈喻老〉，可謂極盡曲解之能事。其云：

> 越王入宦於吳，而觀之伐齊以弊吳，吳兵既勝齊人於艾陵，張之於江濟，強之於黃池，故可制於五湖，故曰：「將欲翕之，必固張之；將欲弱之，必固強之。」晉獻公將欲襲虞，遺之以璧馬；知伯將欲襲仇由，遺之以廣車。故曰：「將欲取之，必固與之。」

范應元則否之，其《老子道德經古本集註》云：

> 天下之理，有張必有翕，有強必有弱，有興必有廢，有與必有取；此春生夏長，秋斂冬藏，造化消息，盈虛之運固然也。然則張之、強之、興之、與之之時，已有翕之、弱之、廢之、取之之幾伏在其中矣。幾雖幽微而事已顯明也。故曰是謂微明。或者以數句爲權謀之術，非也。

范氏之說，可謂得老學之的解。蓋老子懷救世之心，而發爲憂世之言。故八十一章云：

聖人不積，既以爲人己愈有，既以與人己愈多。

老子此言，眞如西哲耶穌所謂「施比受更有福。」夫世間事物，欲有收獲，必先付出。士無「十年寒窗」之苦，豈有「金榜題名」之樂？農無「春耕夏耘」之苦，豈有「秋收冬藏」之樂？匠無「斲輪徐疾」之苦，豈有「得手應心」之樂？商無「跋涉販售」之苦，豈有「壤貨山積」之樂？以此類推，可以得其眞諦矣。

三、研究方法

老子一書，雖僅五千餘言，然歷代注解，何止千種？若以校注入手，不僅破碎害道，難以融會貫通，而易混淆不清。蓋注者往往參入主觀成見，且曲解附會，如韓非〈喻老〉，欲取固予，襲虞遺馬之說，二程謂老書其言如冰炭，談道入權詐，可謂極盡曲解之能事。故不如直入本經，以「心」解老，以「莊」釋老，以「史」證老，以「佛」明老，以「儒」喻老，期悟返樸歸眞之道。茲擇其犖犖大者，分述於后。至於吉光片羽，玉屑鱗爪，恕不贅述矣。

㈠、以「心」解老

夫天地萬物之理，具於一心，循此一心，即是循乎天地萬物。蓋心即是理，古今中外皆然。邵康節之所謂心，則以爲天地萬物之轉運變化，一切皆由人心觀察而生，故曰：「萬化萬事生於心」，而以心爲太極。張橫渠所謂「心能盡性，人能宏道也。性不能檢其心，非道宏人也。」（正蒙篇）明道《語錄》曰：「心本善，發於思慮，則有善有不善。若既發則可謂之情，不可謂之心；譬如水，只謂之水，至如流而爲派，或行於東，或行於西，卻謂之流也。」晦庵承伊川之統，以爲靜則爲性，動則爲情，心者主宰之謂。故曰：「心是管攝主宰者。心，譬水也。性，水之理也。性所以立乎水之靜，情所以行乎水之動。慾則水之流而至於濫也。」陸象山謂心即理，故明心而見性。嘗曰：「宇宙便是吾心，吾心便是宇宙。東海有聖人出焉，此心同也，此理同也；西海有聖人出焉，此心同也，此理同也；南海北海有聖人出焉，此心同也，此理同也；千百世之上，有聖人出焉，此心同也，此理同也；千百世之下，有聖人出焉，此心同也，此理同也。」陽明集理學之大成，以心即理。《傳習錄》云：「目無體，以萬物之色爲體；耳無體，以萬物之聲爲體；鼻無體，以萬物之臭爲體；口無體，以萬物之味爲體；心無體，以天地萬物之感應爲體。」夫陽明之本體論，不以天地萬物爲有體，不以心爲有體；而以天地萬物與心相感應之是非爲體。蓋以心爲靈明者，充塞天地，是爲天地萬物之主宰；然與天地萬物，又絕不可分離。無心則天地萬物失其存在；無天地萬物，則心無所感應。理無心而不立，心無理而不明，故心即理。⑦

職是之故，愚以「心」解老，誰曰不宜？故於每章經文，潛移默想，反複思考，以期得悟眞理。然亦非東書不觀，游談無根，而如蠶食桑葉，吐絲結繭，夢化蝴蝶，栩栩而自適也。亦如庖丁解牛，不見全牛，心領神會，批郤導窾，而得遊刃之樂也。茲舉一例，如第一章，以「心」解老如下：

本章旨在總論宇宙萬物自然之道之奧妙。其大意爲：「道」，假若可以言說者，則非正常不變之理；「名」，假若可以稱呼者，則非正常不易之號。「無」，爲天地自然道理之根源；「有」，爲宇宙萬物現象之創始。是故，應經常從無形之理，冥思默想「道」之奧秘；並經常從有形之貌，冷靜觀察「道」之變化。斯「無」與「有」二者，雖名稱不同，而同源於「道」，其理幽微深遠。吾人如達「道」之爐火純青微妙之玄境，則可得宇宙事理變化之門徑矣。

道可道，非常道者，《易・繫辭傳上》云：「形而上者謂之道。」蓋道無形，爲宇宙萬物之原理，不可言說。又云：「書不盡言，言不盡意。」故《莊子・秋水》云：「無形者，數之所不能分也。」〈知北遊〉云：「道不可聞，聞而非也；道不可見，見而非也；道不可言，言而非也。」《文心雕龍・神思》云：「意翻空而易奇，言徵實而難巧也。是以意授於思，言授於意，密則無際，疏則千里。」如輪扁斲輪，得手應心，口不能言，不得相傳，故聖人之言，古人之糟粕耳。佛家云：「如人飲水，冷暖自知。」宇宙間事理，頗有不可言傳者，蓋口舌之代心，尚不能說明，何況文字之代口舌者也，又何能表達哉！《孟子・盡心下》云：「盡信書，不如無書。」禪宗之不立文字，又豈無微旨哉！《文子・精誠》云：「著於竹帛，鏤於金石，可傳於人者，皆其粗也。」

案道雖無形，不可視聽觸摶而得之，然道卻無所不在。故《莊子・知北遊》云：道在螻蟻，在稊稗、在瓦甓、在屎溺，以監市履豨爲喻，言每下愈況。拙著《莊子寓言研究》云：

> 夫道無所不在，既無貴賤，亦無界限。庸俗之徒，以爲道甚尊貴，高不可攀；莊子謂道在屎溺，常人以爲臭穢不堪，豈有道邪？茲就醫學言：醫生欲知病情，常抽取病人血液或屎溺而化驗之，其間

豈非大有學問哉！莊生之言，誠不我欺也。成玄英云：大道無所不在，而所在皆無，故處處有之，不簡穢賤。東郭未達斯趣，謂道卓爾清高，在瓦甓已嫌卑甚，又聞屎溺，故瞋而不應也。⑧

由上所敘，可得老學「道可道，非常道」之義蘊矣。

(二)、以「莊」釋老

夫莊子之學，實出於老子；兩者之關係，至爲密切。故司馬遷《史記・老子列傳》云：

莊子者，……其學無所不窺，然其要本歸於老子之言。……作〈漁父〉、〈盜跖〉、〈胠篋〉，以詆訾孔子之徒，以明老子之術。⑨

史遷去古未遠，其言自屬可信。蓋莊子於老子推崇備至，除老子外，無第二人可與相比。莊子一則稱老子爲「大成至人」（〈山木篇〉），再則爲「古之眞人」（〈田子方篇〉），三則爲「古之博大眞人」（〈天下篇〉）。其證一也。莊子書中引用老子之文極多，且獨於老子如此，其他古書均不引用。如〈馬蹄〉：「道德不廢，安取仁義。」此即十八章：「大道廢，有仁義」之誼也。〈胠篋〉：「大巧若拙。」此即四十五章「大巧若拙」之文也。其證二也。莊子思想，幾全以老子爲根據。莊子分道爲天道，帝道，聖道，與臣道四種，皆可於老子見之。如九章：「功遂，身退，天之道。」此莊子天道之根據也。二十六章：「奈何萬乘之主而以身輕天下。」此莊子帝道之根據也。七十一章：「聖人不病。」此莊子聖道之根據也。三十章：「以道佐人主者，不以兵強天下。」此莊子臣道之根據也。老子文字，最詳帝道，次天道，又次聖道，至於臣道，則幾付闕如。莊子最詳天道，次帝道，又次聖道，至於臣道，則語焉不詳。蓋莊子以天道難明，故特多闡發。至於天道爲一切之基礎，則二人同也。其證三也。⑩故愚以「莊」釋老，誰曰不宜？林語堂嘗云：

我以爲了解老子的最好方法，便是配合莊子來研讀。畢竟莊子是他的弟子，和最偉大的道家代表人物。就時間而言，莊子比韓非更接近老子思想的發展體系，除此外，他們的觀點幾近完全一致。因此，從十萬多字的莊子一書中選擇精華，便不難說明老子思想的意蘊了，但一般人卻很少做這種嘗試。……一般說來，老莊思想的基礎和性質是相同的，不同的是：老子以箴言表達，莊子以散文描述；老子憑直覺感受，莊子靠聰慧領悟；老子微笑待人，莊子狂笑處世；老子教人，莊子嘲人；老子說給心聽，莊子直指心靈。⑪

林氏之說，深獲我心，愚雖不敏，而嘗試焉。茲舉一例，如第二章，以「莊」釋老如下：

夫成敗相隨，禍福相倚，是故聖賢功成不居，如屠羊說辭萬鍾之祿。《莊子·讓王》云：

楚昭王失國，屠羊說而從於昭王。昭王反國，將賞從者，及屠羊說。屠羊說曰：「大王失國，說失屠羊；大王反國，說亦反屠羊。臣之爵祿已復矣，又何賞之有！」王曰：「強之！」屠羊說曰：「大王失國，非臣之罪，故不敢伏其誅；大王反國，非臣之功，故不敢當其賞。」王曰：「見之！」屠羊說曰：「楚國之法，必有重賞大功而後得見，今臣之知不足以存國而勇不足以死寇。吳軍入郢，說畏難而避寇，非故隨大王也。今大王欲廢法毀約而見說，此非臣之所以聞於天下也。」王謂司馬子綦曰：「屠羊說居處卑賤而陳義甚高，子綦爲我延之以三旌之位。」屠羊說曰：「夫三旌之

> 位，吾知其貴於屠羊之肆也；萬鍾之祿，吾知其富於屠羊之利也；然豈可以貪爵祿而使吾君有妄施之名乎！說不敢當，願復反吾屠羊之肆。」遂不受也。⑫

漆園之言，可謂得老學「功成而弗居」之的解矣。

㈢、以「史」證老

夫自然科學，以實驗而求證之，而人文社會科學，文史哲理，以體驗而求證之，則唯有求助於史學。蓋史學者，人生踐履之寶貴經驗也。先師魯公實先亦嘗云：「經學必須於史學配合，方能融會貫通，得其義蘊。」傅隸樸云：「經的價值，完全靠了歷史而存在，如果離開了歷史，經只是一些空無依據的臆說，最多也不過同於柏拉圖的理想國而已。……經的功用是指示給人宇宙的眞理，教人以爲人處世之道，但未有強迫人遵行的力量。史則既指出人生大道，更有一種強迫著人循著這大道前進的力量，所以就端正人心的功效言，史的力量實比經爲大。」⑬故黃宗羲之學主先窮經，而求事實於史。《清史・黃宗羲傳》記宗羲之言曰：「明人講學，襲語錄糟粕，不以六經爲根柢，束書而從事於游談。故問學者必先窮經，經術所以經世。不爲迂儒，必兼讀史。讀史不多，無以證理之變化；多而不求於心，則爲俗學。」⑭漢司馬遷《史記・自序》云：「子曰：我欲載之空言，不如見之於行事之深切著明也。」信哉！斯言。吾欲蠡測老子道經，則唯有求證於史事矣。故愚以「史」證老，誰曰不宜？茲舉一例，如第四章，以「史」證老如下：

挫銳解紛，和光同塵，莫過於相如也。《史記・廉頗藺相如列傳》云：

> 既罷歸國，以相如功大，拜爲上卿，位在廉頗之右。廉頗曰：「我爲趙將，有攻城野戰之大功，而

藺相如徒以口舌爲勞，而位居我上。且相如素賤人，吾羞，不忍爲之下。」宣言曰：「我見相如，必辱之。」相如聞，不肯與會。相如每朝時，常稱病，不欲廉頗爭列。已而相如出，望見廉頗，相如引車避匿。於是舍人相與諫曰：「臣所以去親戚而事君者，徒慕君之高義也。今君與廉頗同列，廉頗宣惡言而君畏匿之，恐懼殊甚。且庸人尚羞之，況於將相乎？臣等不肖，請辭去。」藺相如固止之，曰：「公之視廉將軍孰與秦王？」曰：「不若也。」相如曰：「夫以秦王之威，而相如廷叱之，辱其群臣，相如雖駑，獨畏廉將軍哉？顧吾念之：強秦之所以不敢加兵於趙者，徒以吾兩人在也。今兩虎共鬥，其勢不俱生。吾所以爲此者，以先國家之急而後私讎也。」廉頗聞之，肉袒負荊。因賓客至藺相如門謝罪。曰：「鄙賤之人，不知將軍寬之至此也。」卒相與驩，爲刎頸之交。

⑮

藺相如可謂踐履老學「挫其銳，解其紛，和其光，同其塵」之實貴人生體驗矣。此可謂典型之實證範例也。

四、以「佛」明老

佛教傳自西域，受華夏文化之陶冶，而爲中國之佛學，已非印度佛學思想之舊。佛教初入中國，含義深遠，難以解喻。佛學之徒，以老莊之說，與之近似，且當時流行天下，人所易知；故大都以老莊之言，釋佛典之義，既所以便傳譯，且所以順人心也。初釋般若，以無爲本；欲明實相，即色即空；此皆依附老莊，以申其學。按般若部經以空爲主，魏晉南北朝之際，佛學之徒，詮釋般若之空，多依附老莊之義，如琛法師之「本無義」，謂：「本無者，未有色法，先有於無，故從無出有。即無在有先，有在無後，故稱本無。」(詳吉藏中論疏)此蓋依據老子「天下之物生於有，有生於無。」以釋般若之所謂空也。溫法師之「心無義」，謂：「心無者，無心於萬物，萬物未嘗無。」(詳吉藏中論疏)此蓋以老子「常無欲以觀其妙」，以釋般若之所謂空也。

道家之本體爲道，佛家之本體爲心。老子謂「人法天，天法道，道法自然。」其意謂宇宙萬有，一切皆由自然而生。道家以道爲本體，道法自然，故自然者，亦即道家之本體論也。佛家以宇宙萬有，一切惟心所造。(彼所謂心，含義至廣，乃橫無邊際，豎無古今之一抽象境界，不專指人之肉團心。)故以心爲宇宙萬有之根本，並以爲心有眞妄二門：眞心不生不滅，常住不動；惟無明一動，即由眞起妄；於是變現三千大千世界，生生滅滅，流轉不已。此以絶對唯心論，爲其本體也。⑯雖同流而終異途，然因筌而求魚，得魚而忘筌。故愚以「佛」明老，誰曰不宜？茲舉一例，如第二十五章，以「佛」明老如下：

老子思想，既非唯心，亦非唯物，應爲「心物一元」論之道學，故曰有物混成，先天地生，其源自易經。南朝梁武帝時，禪宗大師傅翕禪師悟偈云：「有物先天地，無形本寂寥，能爲萬象主，不逐四時凋。」此與老子思想，不謀而合。《指月錄》卷十二載「潭州潙山靈祐禪師事蹟」論無心是道：

嘗有一僧問：「如何是道？」師曰：「無心是道。」曰：「某甲不會。」師曰：「舍取不會底好。」曰：「如何是不會底？」師曰：「祇汝是，不是別人。」復曰：「今時人但直下體取不會底，正是汝心，正是汝佛。若向外得一知一解，將爲禪道，且没交涉，名運糞入，不名運糞出，汙汝心田，所以道不是道。」⑰

《指月錄》卷十二載「溈山靈祐禪師上堂」以水牛妙喻：

老僧百年後，向山下作一頭水牯牛，左脇下書五字曰：「溈山僧某甲。」當恁麼時，喚作溈山僧，又是水牯牛？喚作水牯牛，又是溈山僧？畢竟喚作甚麼即得？」仰山出，禮拜而退。芭蕉徹乃述偈曰：「不是溈山不是牛，一身兩號實難酬；離卻兩頭應須道，如何道得出常流！」⑱

《指月錄》卷二十八載「五祖法演禪師以老婆妙喻」：

有俗士投師出家，自曰捨緣。師曰：「何謂捨緣？」士曰：「有妻子舍之，謂之捨緣。」師曰：「我也有個老婆，還信否？」士默然。師乃頌曰：「我有個老婆，出世無人見；晝夜共一處，自然有方便。」⑲

《指月錄》卷二十八又載「法演禪師以獄卒竊賊妙喻」：

法演禪師嘗云：三乘人出三界獄，小果必藉方便，如穴地穿壁，取自天窓中出。惟得道菩薩，從初入地獄，先與獄子不相疑，一切如常。一日寄信去，覓得酒肉，與獄子喫，至大醉，取獄子衣服行纏，結束自身，卻將自己破衣服，與獄子著，移枷在獄子項上，坐在牢裡，卻自手捉獄子藤條，公然從大門出去。參禪人，須是恁麼始得？師曰：我這裡禪，似個甚麼？如人家會作賊。有一兒子，一日云：「我爺老後，我卻如何養家？須學個事業始得。」遂白其爺。爺云：「好得。」一夜引至巨室，穿窬入宅開櫃，乃教兒子入其中取衣帛，兒纔入櫃，爺便閉卻復鎖了，故於廳上扣打，令其家驚覺，乃先尋穿窬而去。其家人即時起來，點火燭之，知有賊，但已去了。其賊兒在櫃中，私自語曰：「我爺何故如此？」正悶悶中，卻得一計，作鼠齩聲。其家遣婢點燈開櫃，櫃纔開了，賊兒聳身吹滅燈，推倒婢走出。其家人趕至中路，賊兒忽見一井，乃推巨石投井中，其人卻於井中覓賊。兒直去歸家問爺，爺云：「你休說，你怎生得出？」兒直說上件意。爺云：「你恁麼儘做得？」師垂語曰：「譬如水牯牛過窗櫺，頭角四蹄都過了，因甚尾巴過不得？」月林觀頌云：「牛過窓櫺，錯爲安名，大唐國裡，不見一人。」高峰妙頌云：「等閑放出這牛兒，頭角分明舉似誰？若向尾巴尖上會，新羅鷂子過多時。」師一日持錫遶廊曰：「莫有屬牛人問命麼？」衆皆無語。師乃曰：「孫臏今日開鋪，更無一人垂顧；可憐三尺龍鬚，喚作尋常破布！」⑳

按靈祐與水牛，法演與老婆，菩薩與獄卒，賊爺與賊兒，龍鬚與破布，此皆心物之喻，箇中道理，如能領悟，可得老學「有物混成，先天地生」之明鑑矣。

(五)、以「僧」喻老

夫爲學之道，如人體然，醫學爲研究人體之生理與疾病，不得已而分爲心臟、腎臟、胃腸、胸腔、牙科、耳鼻喉科、眼科、泌尿科等，其實人體之構造，疾病之發生，皆相互關連，所謂「牽一髮而動全身」也。治學之道亦然，爲研究方便起見，而分爲儒、道、陰陽、法、名、墨、縱横、雜家、農家、小說家等諸子百家，其實亦無不相關連，其思想皆有相通之處，所謂殊途而同歸，或同流而異途也。老子爲我國自然哲學之鼻祖，其思想與博學，早爲當時人所尊敬，孔子贊其言，聞其理論，亦蒙其影響。老子言道德，孔子亦言道德，而《論語》之言，雖有出於老子，但孔子之解釋，與老子不同，如云「以直報怨，以德報德」（《論語・憲問》），則視老子「報怨以德」之說，爲得其是非之準，至以「恭己正南面，爲無爲而治」，則視老子「聖人之治，虛其心，實其腹，使民無知無欲」之論，則爲另一意義，此老子之主張，見於老子之態度，而老子之思想，亦多表現於孔子言論之內，可見兩人關係密切。儒道兩者皆分人爲兩等：孔子所稱「君子」、「小人」；老子則稱「善人」、「不善人」。兩者重農輕商：孔子「所重民食喪祭」，謂「賜不受命，而貨殖焉，億則屢中。」老子言「聖人爲腹不爲目」，謂「不貴難得之貨，使民不爲盜。」兩者皆言道德：孔子曰：「志於道，據於德。」老子曰：「故從事於道者，道者同於道，從事於德者，德者同於德。」兩者皆主柔弱：老子曰：「柔弱勝剛強。」〈中庸〉云：「寬柔以教。」兩者皆言天道：老子曰：「功遂，身退，天之道。」《荀子・天論》曰：「天行有常，不爲堯存，不爲桀亡，應之以治則吉，應之以亂則凶。」兩者皆主無爲：《論語・爲政》：「爲政以德，譬如北辰，居其所，而衆星拱之。」老子「爲無爲，則無不治。」兩者論道：荀子主張「虛壹而靜，以明大道。」莊子「惟道集虛」，「無心無爲之宗師」，同一旨趣。故愚以「儒」喻老，誰曰不宜？茲舉一例，如第八章，以「儒」喻老如下：

夫儒道佛三聖，常以水喻道。《論語・子罕》云：

> 子在川上曰：逝者如斯夫！不舍晝夜。㉑

儒家精進利生，以喻人當自強不息。《孟子・離婁下》云：

徐子曰：「仲尼亟稱於水曰：水哉！水哉！何取於水也？」孟子曰：「原泉混混，不舍晝夜，盈科而後進，放乎四海；有本者如是，是之取爾。」㉒

又〈盡心上〉云：

觀水有術，必觀其瀾；日月有明，容光必照焉。流水之爲物也，不盈科不行；君子之志於道也，不成章不達。㉓

以明君子修道成章之序。《荀子．宥坐》云：

孔子觀於東流之水。子貢於孔子曰：「君子之所以見大水必觀焉者，是何？」孔子曰：「夫水，與諸生而無爲也，似德。其流也埤下，裾拘必循其理，似義。其洸洸乎不淈盡，似道。若有決行之，其應佚若聲響，其赴百仞之谷不懼，似勇。主宰必平，似法。盈不求概，似正，淖約微達，似察。以出以入以就鮮絜，似善化。其萬折也必東，似志。是故，君子見大水必觀焉。㉔

水之象徵意義，得孔孟荀聖賢之言，可謂淋漓盡致矣。

老子尤好以水喻道，老子曰：「譬道之在天下，猶川谷之於江海。」（三十二章）「大道氾兮，其可左右，萬物恃之而生而不辭，功成不名有。」（三十四章）「江海所以能爲百谷王者，以其善下之，故能爲百谷王。」（六十六章）「天下莫柔弱於水，而攻堅強者莫之能勝，其無以易之。」（七十八章）道家謙下養生，水之惠澤萬物，自居下流，包容一切，以作道之妙喻。

至於佛家，以大海喻涅槃。其《涅槃經》三十二云：

譬如大海，有八不思議。何等爲八？一者，漸漸轉深。二者，深難得底。三者，同一鹹味。四者，潮不過限。五者，有種種寶藏。六者，大身衆生在中居住。七者，不宿死尸。八者，一切萬流大雨投之，不增不減。㉕

華嚴經中，以大海十相，譬十地菩薩修行。一、次第漸深。二、不受死屍。三、餘水入失本名。四、普同一味。五、無量珍寶。六、無能至底。七、廣大無量。八、大身所居。九、潮不過限。十、普受大雨。佛家聖淨無生，以海水喻修道之進境也。㉖

由上所述，可得老學所謂「上善若水。水善利萬物而不爭，處衆人之所惡，故幾於道。」（八章）以水喻道之旨，而融儒道佛於一爐矣。

四、研究內容

老子之書，言道德之意，故又名曰道德經。，史記・老子傳云：「老子迺著書上下篇，言道德之意五千餘言而去。」㉗老子以「道」爲天地萬物所以生之總原理，無所不包，無乎不在。故謂：「道之爲物，惟恍惟惚；惚兮恍兮，其中有象；恍兮惚兮，其中有物；窈兮冥兮，其中有精；其精甚眞，其中有信。」（二十一章）又謂：「道生一，一生二，二生三，三生萬物，萬物負陰而抱陽，沖氣以爲和。」（四十二章）老子以「德」爲一物所以生之原理，物各有德，得道之一體也。故謂：「道生之，德畜之，物形之，勢成之，是以萬物莫不尊道而貴德，道之尊，德之貴，夫莫之命而常自然。」（五十一章）此即所謂失道而後德也。㉘《漢書》載，老子・鄰氏經傳》、《老子・傅氏經說》、劉向《說老子》（《藝文志》），皆係老子注解，均已失傳，是否分章，不可得知。漢嚴君平《道德經指歸》分爲七十二章，乃係僞作，不可據也。晉王弼舊注本分爲七十九章，今河上公本、王弼本、傅奕本等，皆分爲八十一章。上篇三十七章（自一章至三十七章），下篇四十四章（自三十八章至八十一章）。上篇道經，蓋取一章首句「道可道，非常道」之「道」字；下篇德經，蓋取三十八章首句「上德不德，是以有德」之「德」字，合稱爲《道德經》。唯出土《帛書老子》篆隸二本，均不分章，而且「德經」在前，「道經」在後，則應合稱「德道經」，德者，得也，疑即老子著述其得道之心得，亦即悟道之意境也。故《史記・老子傳》謂：「老子脩道德，其學以自隱無名爲務。居周久之，見周之衰，迺遂去。至關，關令尹喜曰：『子將隱矣，強爲我著書。』」㉙由此可見老子平素述而不作，尹喜因仰慕其道德學問，而又苦於無從得之，幸遇老子，惜其出關將隱，後會無期，故要求其留下修道之方，老子乃不得已而著書上下篇是也。史遷去古未遠，其說必有所據，自當可信。《抱朴子》云：「老子西遊，遇關令尹喜於散關，爲喜著《道德經》一卷，謂之《老子》。」

老子思想，以「道」爲本，故拙著依上篇「道經」爲主，即自第一章至三十七章爲範圍，分章蠡測，得其要旨，約如下述：

一章：總論宇宙萬物自然之道之奥秘。

二章：闡述宇宙事物相對存在之義。

三章：闡述無爲而治之政治理論。
四章：闡述道之體用。
五章：闡述天地無私心，聖人無愛憎之義。
六章：闡述道無窮盡之義。
七章：闡述天地聖人長久之道，皆由於無私之功用。
八章：闡述以水喻道之義。
九章：闡述滿損謙益，功成身退之義。
十章：闡述修身治世之道。
十一章：闡述有無之義。
十二章：闡述少私寡欲，保性全眞之道。
十三章：闡述淡泊名利，忘我無私之義。
十四章：闡述太初之道，無狀無象無聲無響之義。
十五章：闡述有道之士，深不可測之風度。
十六章：闡述知常道，致虛守靜之理。
十七章：闡述人民對統治者不同之反應。
十八章：闡述大道淪喪，世風衰頹之現象。

十九章：闡述絕棄聖智仁義巧利，返樸歸眞之理。
二十章：闡述修己之道，遵行生生不息之理。
廿一章：闡述道與物之關係，執古而御今也。
廿二章：闡述委曲求全，抱一守道之法則。
廿三章：闡述從事於道德者，道德亦樂德之。
廿四章：闡述處世行事，實踐篤行正道。
廿五章：闡述道爲天地人道四大之母。
廿六章：闡述以重御輕，以靜制動之自然理則。
廿七章：闡述凡事順應宇宙事物自然之道。
廿八章：闡述處世哲學，柔能克剛之理。
廿九章：闡述聖人之治天下，當順乎人性物理。
三十章：闡述窮兵黷武之害，反對侵略戰爭。
卅一章：闡述厭兵反戰之人道思想。
卅二章：闡述侯王守道術治天下，則萬民懷德而順服。
卅三章：闡述處世養生之道，貴於自知自勝知足強行。
卅四章：闡述大道廣博，不辭不有不主無欲而不居功。

卅五章：闡述大道用之不盡而取之不竭之義。
卅六章：闡述柔弱勝剛強爲物理自然之道。
卅七章：闡述道常無爲而無不爲之旨。

五、研究體例

道經管窺者，以義理爲主，期能直窺道心，得其眞諦。凡分三部：甲部爲緒論，乙部爲蠡測（本論），丙部爲結論。末附主要參考及引用書目。

緒論之中，復分爲七：一爲弁言。二爲研究動機：澄清曲解，探求眞理。其要計十有二：㈠誤以「無」爲「空」，㈡誤以「有無」爲「對立」，㈢誤以「天」爲「天帝」，㈣誤以「無爲」爲「無所作爲」，㈤誤以「柔弱」爲「怯懦」，㈥誤以「不爭」爲「出世」，㈦誤以「無私」爲「自私」，㈧誤以「虛無清靜」爲「消極厭世」，㈨誤以「淡泊寡欲」爲「消沉出世」，㈩誤以「絶聖棄智」爲「愚民政策」，⑪誤以「厭兵反戰」爲「頹唐避世」，⑫誤以「欲取固與」爲「陰謀詐術」。三爲研究方法，其要有五：㈠以「心」解老，㈡以「莊」釋老，㈢以「史」證老，㈣以「佛」明老，㈤以「儒」喻老。融儒道佛於一爐。四爲研究內容，老子思想，以「道」爲本，故依上篇「道經」爲主，即自第一章至三十七章爲範圍，分章蠡測，得其要旨，略如前述不贅。五爲研究體例，以義理爲主。分爲緒論、蠡測（本論）、結論三部。詳如本篇所述。六爲研究成果，其要有七：㈠宇宙論。㈡相對論。㈢天道論。㈣無爲論。㈤人道論。㈥處世論。㈦修身論。七為結語。

蠡測之中，按王弼本三十七章次，一仍舊貫，僅列章數，不作標題。（按河上公本每章妄加標題非老書原貌）每章首爲經文，加以標點，間有校改者，則於附注說明。以次爲「心解」、「莊釋」、「史證」、「佛明」、「儒喻」，則不標明。闕則從闕，亦不贅注。每章之後，均加附注，說明引用資料及辨證問題。凡引用舊說，或直錄其文，或加刪節，咸標所出，示不掠美。短文則加引號，長文則全部較正文低三格排列，以資區別。並於章後加注，示非剽竊。間有引文過長，難以節略處理者，蓋係取其史實或觀點，以證明或解說愚見，而已成爲拙著之一體，爲求其證據確鑿，論點詳明，意義完整，而避免斷章取義，或遭斷爛朝報之譏，故仍不厭其繁，照錄原文，而非剿襲成說者所可同日而語，相提並論也。謹此陳明。參證引用之書，其主要者，均於附目中載明，恕不復贅。

結論之中，復分爲七：㈠道生萬物之宇宙論。㈡相互倚存之相對論。㈢自然無爲之天道論。㈣無爲而治之無爲論。㈤厭世反戰之人道論。㈥守柔不爭之處世論。㈦清靜寡欲之修身論。

末附主要參考及引用書目，按經史子集四部分類法排列。經部僅十三經部分，略不分類。史部分爲正史、雜史二類。子部分爲儒家、道家、法家、墨家、雜家、釋家等六類。集部分爲別集、詩文評二類。引書按書名、作者、書局之次序，敬此說明。

六、研究成果

道經管窺，得其蠡測，犖犖大者，歸納有七：

一、宇宙論——道生萬物。復分爲五：㈠道似「有」「無」，而生養萬物。㈡道如山谷而化育萬物。㈢道體恍惚而包容萬物。㈣道體渾然而生殖萬物。㈤道如流水而潤澤萬物。

二、相對論——相互倚存。復分爲三：㈠有無相生而相輔爲用。㈡美醜相隨而相互倚存。㈢禍福相倚而相隨並生。

三、天道論——自然無爲。復分爲七：㈠功遂身退自然之道。㈡周全普遍合乎自然。㈢依循常道適應自然。㈣天法大道道法自然。㈤了解自然明理治事。㈥無爲而治效法自然。㈦天露潤物自然均勻。

四、無爲論——無爲而治。復分爲四：㈠順應自然無爲而治。㈡無爲處事不言施教。㈢絕聖棄智無爲無欲。㈣侯王無爲政行民順。

五、人道論——厭兵反戰。復分爲二：㈠刀劍凶器不祥之物。㈡軍事侵略循環報復。

六、處世論——守柔不爭。復分爲五：㈠挫銳解紛和光同塵。㈡物盛則衰臨淵履冰。㈢處下居卑受天下垢。㈣居後不爭莫能與爭。㈤知榮守辱虛懷若谷。

七、修身論——清靜寡欲。復分爲五：㈠淡泊名利心如赤子。㈡少私寡欲保性全眞。㈢富不奢侈貧則知足。㈣心無欲念安寧清靜。㈤遵守常道順乎自然。

七、結語

甲、緒論

噫！漆園嘗云：

吾生也有涯，而知也無涯，以有涯隨無涯，殆已。㉚

蓋以有限之性，尋無極之知，安得而不困哉？筆者輇才末學，資質魯鈍，尚祈碩彥鴻儒，不吝指正，無任企禱！

【附注】

①《史記·老子韓非列傳》第三，卷六十三，頁二一四〇。（台北市，世界書局，民國六十一年。）

②馮友蘭《中國哲學史》，第一篇〈子學時代〉，第八章〈老子及道家中之老學〉，頁二一三。

③淨影《維摩經疏》曰：「帝猶主也，忉利天主名爲天帝。」

④胡適《中國古代哲學史》第一册，第三篇老子，頁五〇—五一。（台北市，台灣商務印書館，民國五十年。）

⑤郭慶藩《莊子集釋》卷四中，〈胠篋〉第十，頁三五三。（台北市，河洛圖書出版社，民國六十三年，夏學叢書。）

⑥同上，卷四下，〈在宥〉第十一，頁三七七。

⑦林景伊師《中國學術思想大綱》㈥〈宋元明理學〉，頁一九二—二二一。（台北市，國民出版社，民國四十九年。）

⑧ 葉程義《莊子寓言研究》，(132)〈每下愈況〉，頁二一五。（台北市，義聲出版社，民國七十年再版。）

⑨ 同注①，頁二一四三—二一四四。

⑩ 蔣錫昌《莊子哲學》，丙〈莊子思想與其他之關係〉，頁三四—四二。（四川，成都古籍書店，一九八八年。）

⑪ 林語堂《老子的智慧》，頁一六—一七。（台北市，德華出版社，民國六十九年。）

⑫ 同注⑤，卷九下，〈讓王〉第二十八，頁九七四—九七五。

⑬《清史稿》卷四百八十，列傳二百六十七，儒林一，頁一三一〇五。（台北市，鼎文書局，民國七十年，《清史稿》第十六冊。）

⑭ 傅隸樸《國學概論》第三編〈史學〉，頁一六〇—一六一。（台北市，中華叢書委員會，民國四十七年。）

⑮《史記·廉頗藺相如列傳》第二十一，卷八十一，頁二四四三。

⑯ 同注⑦，(五)〈隋唐佛教發展與經學統一〉，頁一四一—一四二。

⑰《指月錄》卷十二，頁三五二下。（台北市，佛教出版社，民國七十二年，《佛教大藏經》第一五六冊。）

⑱ 同上，頁三五七上。

⑲ 同上，卷二十八，頁七九六上。

⑳ 同上，頁七九九下—八〇〇下。
㉑ 《論語注疏・子罕》，卷第九，頁七，總頁八〇。
㉒ 《孟子注疏・離婁下》，卷八上，頁九，總頁一四五。
㉓ 同上，〈盡心上〉，卷十三下，頁二，總頁二三八。
㉔ 梁啟雄《荀子柬釋》，第二十八篇〈宥坐〉，頁三八六。（台北市，河洛出版社，民國六十三年，夏學叢書。）
㉕ 曇無讖譯《大般涅槃經》第三十二，頁五十九，總頁三二二。（台北市，佛教出版社，民國七十三年，《佛教大藏經》第二十二冊。）
㉖ 《大方廣佛華嚴經疏》第四十四，頁八十三—八十四，總頁五三五—五三六。（同上，第五十九冊。）
㉗ 同注①，頁二一四一。
㉘ 同注⑦，(二)〈先秦諸子〉，頁五一—五二。
㉙ 同注①，頁二一四一。
㉚ 同注⑤，卷二上，〈養生主〉第三，頁一一五。

乙、蠡測

一章

道可道，非常道；名可名，非常名。無、名天地之始；有、名萬物之母。故常無，欲以觀其妙；常有，欲以觀其徼。此兩者，同出而異名，同謂之元。元之又元，眾妙之門。

本章旨在總論宇宙萬物自然之道之奧妙。其大意爲：「道」，假若可以言說者，則非正常不變之理；「名」，假若可以稱呼者，則非正常不易之號。「無」，爲天地自然道理之根源；「有」，爲宇宙萬物現象之創始，是故，應經常從無形之理，冥思默想「道」之奧秘；並經常從有形之貌，冷靜觀察「道」之變化。斯「無」與「有」二者，雖名稱不同，而同源於「道」，其理幽微深遠。吾人如達「道」之爐火純青微妙之玄境，則可得宇宙事理變化之門徑矣。

道可道，非常道者，《易・繫辭傳上》云：「形而上者謂之道。」①蓋道無形，爲宇宙萬物之原理，不可言說。又云：「書不盡言，言不盡意。」②故《莊子・秋水》云：「無形者，數之所不能分也。」③〈知北遊〉云：「道不可聞，聞而非也；道不可見，見而非也；道不可言，言而非也。④《文心雕龍・神思》云：「意翻空而易奇，言徵實而難巧也。是以意授於思，言授於意，密則無際，疏則千里。」⑤如輪扁斲輪，得手應心，口不能言，不得相傳，故聖人之言，古人之糟粕耳。佛家云：「如人飲水，冷暖自知。」⑥宇宙間事理，頗有不可言傳者，蓋口舌之代心，尚不能說明，何況文字之代口舌者也，又何能表達哉！《孟子・盡心下》云：「盡信書，不如無書。」⑦禪宗之不立文字，又豈無微旨哉！⑦《文子・精誠》云：「著於竹帛，鏤於金石，可傳於人者，皆其粗也。」⑧

案道雖無形，不可視聽觸摶而得之，然道卻無所不在。故《莊子》云：道在螻蟻，在稊稗、在瓦甓、在屎溺。以監市履豨爲喻，言每下愈況。拙著《莊子寓言研究》云：

夫道無所不在，既無貴賤，亦無界限。庸俗之徒，以爲道甚尊貴，高不可攀；莊子謂道在屎溺，常人以爲臭穢不堪，豈有道邪？茲就醫學言：醫生欲知病情，常抽取病人血液或屎溺而化驗之，其間豈非大有學問哉！莊生之言，誠不我欺也。成玄英云：大道無所不在，而所在皆無，故處處有之，不簡穢賤。東郭未達斯趣，謂道卓爾清高，在瓦甓已嫌卑甚，又聞屎溺，故瞋而不應也。⑨

道不可言，亦不可名，故輪扁謂桓公所讀聖人之書，皆古人之糟粕。《莊子・天道》云：

桓公讀書於堂上，輪扁斲輪於堂下，釋椎鑿而上，問桓公曰：「敢問，公之所讀者何言邪？」公曰：「聖人之言也。」曰：「聖人在乎？」公曰：「已死矣！」曰：「然則君之所讀者，古人之糟粕已矣！」桓公曰：「寡人讀書，輪人安得議乎？有說則可，無說則死！」輪扁曰：「臣也以臣之事觀之。斲輪，徐則甘而不固，疾則苦而不入。不徐不疾，得之於手而應於心，口不能言，有數存焉於其間。臣不能以喻臣之子，臣之子亦不能受之於臣，是以行年七十而老斲輪。古之人與其不可傳也死矣，然則君之所讀者，古人之糟粕已夫！」⑩

輪扁以己之斲輪經驗爲喻，說明父子尚不得直接傳授，何況間接所紀錄之古聖先賢之言？漆園之譬，道之不可言傳，可謂得其精髓矣。

佛學以「瞎子摸象」爲喻，亦在說明道之不可言傳。《涅槃經》三十二云：

譬如有王告一大臣，汝牽一象以示盲者，爾時大臣受王敕已，多集衆盲，以象示之。時彼衆盲，各以手觸，大臣即還而白王言，臣已示竟。爾時大王，即喚衆盲，各各問言，汝見象耶？衆盲各言，我已得見。王言：象爲何類？其觸牙者，即言象形如蘿菔根。其觸耳者，言象如箕。其觸頭者，言象如石。其觸鼻者，言象如杵。其觸腳者，言象如木臼。其觸脊者，言象如床。其觸腹者，言象如甕。其觸尾者，言象如繩。善男子，如彼衆盲，不說象體，亦非不說，若是衆相，悉非象者，離是之外，更無別象。善男子，王喻如來正遍知也。臣喻方等大涅槃經，象喻佛性，盲喻一切無明衆生。⑪

按象喻佛性，亦即老子之道也。衆生心智聾盲，雖有耳目，其與聾盲何異？佛性雖言難悟，道性亦然也。

蘇東坡似以「瞎子摸象」，而摹擬爲「瞎子問日」之說，其〈日喻〉云：

生而眇者不識日，問之有目者。或告之曰：「日之狀如銅槃。」扣槃而得其聲，他日聞鐘以爲日也。或告之曰：「日之光如燭。」捫燭而得其聲，他日揣籥以爲日也。日之與鐘籥亦遠矣，而眇者不知其異，以其未嘗見而求之人也。道之難見也甚於日而人之未達也，無以異於眇。達者告之，雖有巧譬善導，亦無以過於槃與燭也。自槃而之鐘，自燭而之籥，轉而相之，豈有既乎？故世之言道者，或即其所見而名之，或莫之見而意之，皆求道之過也。⑫

蘇氏「扣槃捫燭」之說，疑脫胎於「瞎子摸象」之喻，道之不可言說，可謂得其三昧矣。

【附　注】

①《周易正義·繫辭上》卷第七，頁三十一，總頁一五八。（台北市，藝文印書館，民國五十四年，重刊宋本《十三經注疏》）

②同上，頁三十，總頁一五七。

③郭慶藩《莊子集釋》，卷六下，〈秋水〉第十七，頁五七二。（台北市，河洛圖書出版社，民國六十三年，夏學叢書。）

④同上，卷七下，〈知北遊〉第二十二，頁七五七。

⑤周振甫等《文心雕龍注釋》〈神思〉第二十六，頁五一五—五一七。（台北，里仁書局，民國七十三年。）

⑥《傳燈錄四・蒙山道明章》：「今蒙指示，如人飲水，冷暖自知。」

⑦《孟子注疏・盡心下》卷十四上，頁三，總頁二四九。（同注①）

⑧《文子纘義》卷二〈精誠〉，頁十二，總頁三一七。（台北市，先知出版社，民國六十五年，重印二十二子。）

⑨葉程義《莊子寓言研究》(132)〈每下愈況〉，頁二一五。（台北市，義聲出版社，民國七十年再版。）

⑩同注③，卷五中，〈天道〉第十三，頁四九〇—四九一。

⑪曇無讖譯《大般涅槃經》第三十二，頁五十七，總頁三一七。（台北市，佛教出版社，民國七十三年，《佛教大藏經》第二十二冊。）又《菩薩處胎經》三，亦有此譬。

⑫《蘇東坡全集前集》卷二十三雜文，頁二九八。（台北市，河洛出版社，民國六十四年，夏學叢書。）

二　章

天下皆知美之為美，斯惡已；皆知善之為善，斯不善已。故有無相生，難易相成，長短相較，高下相傾，音聲相和，前後相隨。是以聖人處無為之事，行不言之教。萬物作焉而不辭，生而不有，為而不恃，功成而弗居。夫唯弗居，是以不去。

本章旨在說明宇宙事理相對存在之義，如美醜、善惡、有無、難易、長短、高下、音聲、前後等等。其大意爲：天下人咸知美之所以爲美，則醜之觀念亦隨之而生；咸知善之所以爲善，則惡之觀念亦隨之而生，是故，有與無是相互而產生，難與易是相互而形成，長與短是相互而顯示，高與下是相互而存在，音與聲是相互而和諧，前與後是相互而成序。職是之故，聖人以無爲而處事，以不言而施教，順乎萬物自然生長而不揠苗助長，生養萬物而不據爲己有，作育萬物而不自恃其能，成就萬物而不自居其功。正由於不自居其功，與世無爭，反而其功績永垂不朽。

夫宇宙萬物，均相對而存在，有天必有地，有男必有女，有善必有惡，有美必有醜。故有天使必有撒旦，有西施必有東施，此自然之道也。周瑜嘗慨乎言之：既生瑜！何生亮？此乃未明天地之理也。至於此相對之理念，亦因物而異，因心而殊。毛嬙、麗姬，天下之所美也，魚見之深入，鳥見之高飛，麋鹿見之決驟。此人獸不同。衛有醜人，曰哀駘它，婦人見之，請於父母曰：與爲人妻，寧爲其妾。境由心生，美醜一念。此人心不同也。燕瘦環肥，一寵於漢帝，一寵於唐王，此時代之不同也。又如春秋時衛靈公之幸臣彌子瑕，《左傳》：

衛國法，竊駕君車者罪刖。子瑕母病，矯駕君車以出，君聞而賢之，曰：孝哉！爲母之故忘刖罪。又與君遊果園，食桃而甘，以半啗君，君曰：愛我哉！忘其口味，以啗寡人。及色衰愛弛，得罪於君，君曰：是固嘗矯駕吾車，又嘗啗我以其餘桃，乃數其罪而黜之。①

此同一事件而先後有異者，情感之不同故也。

復以時空因素之不同，而好惡亦異。拙著《莊子寓言研究》云：

夫宇宙事物，是非善惡，大小美醜，甚難以一定標準衡量，蓋以時空之關係，中外古今觀念不同；或以思想情感之因素，喜怒哀樂好惡各異。如以衣言之：西方人以中國仕女高叙旗袍爲不雅，中國人則以西方仕女袒胸露背爲側目；此以中西觀念不同故也。次就食言：有人喜食臭豆腐，有人喜食五香干，此口味嗜好之不同故也。再就住言：陶淵明喜竹籬茅舍，李後主喜雕欄殿閣，此思想意境之不同故也。依此類推，舉一反三，知是非之不可爲分，小大之不可爲倪也。世俗淺薄之徒，常以己爲是，以人爲非，此猶瞎子摸象，永不見真象也。蓋宇宙事物，均具有是非美醜，陰陽善惡之兩面，無法舍惡而取善，舍醜而取美也。且以善惡美醜，均以時空人爲而異，非一成不變者也。至於是非善惡，亦非常人之所能分也，必須有大知之人，始可辨別也。庸俗之徒，誤以莊子無是非善惡，則又不如河伯矣。夫無是而不明其非，無善而不明其惡，如東西方向之相反，而不可以相無，即無東方不能定出西方，反之亦然。其他美醜之理，善惡之道，陰陽之别，男女之分，亦復如是也。②

聖人處無爲之事者，順應自然；不作有爲之事，而以人爲傷害萬物。如揠苗助長是也。《孟子·公孫丑上》：

宋人有閔其苗之不長而揠之者，芒芒然歸，謂其人曰：「今日病矣！予助苗長矣！」其子趨而往視之，苗則槁矣！天下之不助苗長者寡矣。以爲無益而舍之者，不耘者也。助之長者，揠苗者也；非徒無益，而又害之。③

無爲之益，有爲之害，可謂切中肯綮之論。

至於行不言之教，亦適應自然之說也。《論語·陽貨》：

子曰：「予欲無言！」子貢曰：「子如不言，則小子何述焉？」子曰：天何言哉？四時行焉，百物生焉，天何言哉？」④

又如王駘行不言之教，仲尼謂將師之。《莊子·德充符》：

魯有兀者王駘，從之遊者與仲尼相若。常季問於仲尼曰：「王駘，兀者也，從之遊者，與夫子中分魯。立不教，坐不議，虛而往，實而歸。固有不言之教，無形而心成者邪？是何人也。」仲尼曰：「夫子，聖人也，丘也直後而未往耳。丘將以爲師，而況不若丘者乎！奚假魯國！丘將引天下而與從之。」⑤

此即所謂「德充於中，而符應於外」，不用言教，如磁石之引鐵然，而收潛移默化之功也。

又如拈花微笑，不立文字，亦不言之教也。《聯燈會要・釋迦牟尼佛章》曰：

> 世尊在雲山會上，拈華示衆，衆皆默然，唯迦葉破顏微笑。世尊云：吾有正法眼藏，涅槃妙心，實相無相，微妙法門，不立文字，教外別傳，付囑摩訶迦葉。⑥

古今禪宗以爲宗門第一之口實，彼宗以心傳心之根據大事也。世尊拈花，行不言之教；迦葉悟道，作會心之微笑，蓋參透禪機也。

又如當頭棒喝，禪家宗匠接人之作略，或用棒，或用大喝。棒始於德山，喝來自臨濟。臨濟問黃檗，如何是佛法之大意？檗便打。如是三問，三度被打。後參大愚，得悟黃檗宗旨。卻回黃檗，機鋒敏捷，檗便打，師便喝。以後接人，棒喝交馳。故今謂警醒人之迷誤者，曰當頭棒喝。此亦行不言之教也。

夫成敗相隨，禍福相倚，是故聖賢功成不居，如屠羊說辭萬鍾之祿。《莊子・讓王》云：

> 楚昭王失國，屠羊說而從於昭王。昭王反國，將賞從者，及屠羊說。屠羊說曰：「大王失國，說失屠羊；大王反國，說亦反屠羊。臣之爵祿已復矣，又何賞之有！」王曰：「強之！」屠羊說曰：「大王失國，非臣之罪，故不敢伏其誅；大王反國，非臣之功，故不敢當其賞。」王曰：「見之！」屠羊說曰：「楚國之法，必有重賞大功而後得見，今臣之知不足以存國而勇不足以死寇。吳軍入郢，說畏難而避寇，非故隨大王也。今大王欲廢法毀約而見說，此非臣之所以聞於天下也。」王謂司馬子綦曰：「屠羊說居處卑賤而陳義甚高，子綦爲我延之以三旌之位。」屠羊說曰：「夫三旌之

位，吾知其貴於屠羊之肆也；萬鍾之祿，吾知其富於屠羊之利也；然豈可以貪爵祿而使吾君有妄施之名乎！說不敢當，願復反吾屠羊之肆。」遂不受也。⑦

又如介之推不言祿，《左傳・魯僖公二十四年》：

晉侯賞從亡者，介之推不言祿，祿亦弗及。推曰：「獻公之子九人，唯君在矣。惠懷無親，外內棄之。天未絕晉，必將有主。主晉祀者，非君而誰？天實置之，而二三子以爲己力，不亦誣乎？竊人之財，猶謂之盜。況貪天之功，以爲己力乎？下義其罪，上賞其奸，上下相蒙，難與處矣。」其母曰：「盍亦求之？以死誰懟？」對曰：「尤而效之，罪又甚焉！且出怨言，不食其食。」其母曰：「亦使知之，若何？」對曰：「言，身之文也。身將隱，焉用文之？是求顯也。」其母曰：「能如是乎？與女偕隱。」遂隱而死。晉侯求之不獲，以綿上爲之田。曰：「以志吾過，且旌善人。」⑧

屠羊之賢，之推之善，功成弗居，名垂青史者也。

【附　注】

① 見《左傳・定公六年》、《韓非子・說難內儲說上難四》、《淮南子・泰族訓》、《新書・胎教》、《鹽鐵論・論儒》、《新儒・雜事一》、《孔子家語・困誓》。

② 葉程義《莊子寓言研究》，⑺〈河伯與海若論道〉，頁一六四—一六五。

③《孟子注疏．公孫丑上》，卷三上，頁九，總頁五五。
④《論語注疏．陽貨》，卷十七，頁八，總頁一五七。
⑤郭慶藩《莊子集釋》，卷二下，〈德充符〉第五，頁一八七。
⑥然此事出何經？何人傳之？大藏所收之經論不記此事，隋唐之宗匠亦無言此事者，宋王安石言此事出《大梵天王問佛決疑經》。《宗門雜錄》：「王荊公語佛慧泉禪師云：『余頃在翰苑，偶見《大梵天王問佛決疑經》三卷，謂梵王至靈山，以金色波羅花獻佛，捨身為床座，請佛說法。世尊登座，拈花示衆，人天百萬悉皆罔措，獨有金色頭陀破顏微笑。世尊云：吾有正法眼藏涅槃妙心，實相無相，分付摩訶迦葉。此經多談帝王請問佛事，所以秘藏，事無聞者。』」
⑦同注⑤，卷九下，〈讓王〉第二十八，頁九七四—九七五。
⑧《春秋左傳正義》卷十五，頁十七，總頁二五五。

三　章

不尚賢，使民不爭；不貴難得之貨，使民不為盜；不見可欲，使民心不亂。是以聖人之治，虛其心，實其腹，弱其志，強其骨。常使民無知無欲，使夫智者不敢為也。為無為，則無不治。

本章旨在闡述無爲而治之政治理論。其大意爲：不崇尚賢能者，以免使人類沽名釣譽以自衒，嫉賢害能以相爭；不貴重稀世之物，如珠玉寶器，珍禽奇獸之類奢侈品，以免使人類起盜竊之心，造成社會動亂不安；不貪圖聲色犬馬荒淫享樂之生活，以免誘使人類亂心喪性競相追逐，沉淪於紙醉金迷燈紅酒綠之糜爛深淵。職是之故，聖人之治理天下，教人心思虛靜，少私寡欲，造福人類，豐衣足食；心懷柔弱，以克剛強；勞力營生，強健體魄。經常教人不習譎詐之知，不懷非分之欲，使狂妄自大自以爲聰明之人不敢妄爲，實現「無爲而無不爲」之政治理想。

老子所謂無爲而治，即順應自然。《莊子・天道》：「夫鵠不日浴而白，烏不日黔而黑。黑白之林，出乎自然也。」①《莊子・駢拇》：「是故鳧脛雖短，續之則憂；鶴脛雖長，斷之則悲。故性長非所斷，性短非所續，無所去憂也。」②《莊子・秋水》云：「牛馬四足是謂天。」③天即天然、自然也。又云：「落馬首，穿牛鼻，是謂人。」④人即人爲，亦即有爲也。故曰：「無以人滅天。」⑤不可用人爲力量毀滅自然也。《莊子・應帝王》云：

南海之帝爲儵，北海之帝爲忽，中央之帝爲渾沌。儵與忽相遇於渾沌之地，渾沌待之甚善。儵與忽謀報渾沌之德，曰：「人皆有七竅，以視聽食息，此獨無有，嘗試鑿之。」日鑿一竅，七日而渾沌死。⑥

世人之違反自然，傷害萬物，如囚鳥於籠，囿魚於缸，皆類此也。飛鳥翱翔於天空，游魚悠遊乎江海，則自然也。老子無爲而治者類此也。

拙著《莊子寓言研究》云：

夫儵忽渾沌者，乃杜撰人物，爲純粹寓言，說明有爲而治，違反自然，於事無補，足以喪生。此喻揠苗助長，違反天性，愛之惜以害之也。人類之愚蠢，有如儵忽者，比比皆是，自以爲聰明，實則一竅不通，當知老子大智若愚之言，而爲惕勵也。張默生云：本段是莊子書中最精之寓言，是從本篇立意之反面寫去。本篇立意既在無心而任化，即當依順自然，決不可有所作爲。此處之渾沌，既可喻「有物混成，先天地生」之道體，即必囊括大塊，體物而不遺。儵與忽南北稱帝，未始非混沌之顯現，如欲報混沌之德，即當不忘其所自，常遇於渾沌之地，而相忘於無形；豈可倏忽妄動自傷其本，而爲開孔鑿竅之是務？後世治天下者，每欲逞其私智，而爲背理之宰割，正有類於儵忽之殘鑿混沌矣。本篇既重在針砭有爲，而主因應無爲之道，所以謂此段正是反面之寫法。復次，此段亦可作道家——之「宇宙發生論」視之，渾沌，可視作「無極」或「太極」是「一」；儵與忽，可視作「兩儀」或「陰陽」——是「二」；二與一爲「三」。二又不安其分，於是開孔鑿竅，以至於「七」，從此智端一開，則天下之事事物物由此生，是非善惡由此成，而交光互影之華麗世界，則呈現森羅萬象矣！洵非虛語，深獲我心也。⑦

不尚賢，使民不爭，而天下治；舉賢，則民相詐，而天下亂也，如赤張滿稽論政。《莊子・天地》云：

門無鬼與赤張滿稽觀於武王之師。赤張滿稽曰：「不及有虞氏乎！故離此患也。」門無鬼曰：「天下均治而有虞氏治之邪？其亂而後治之與？」赤張滿稽曰：「天下均治之爲願，而何計以有虞氏爲！有虞氏之藥瘍也，禿而施髢，病而求醫。孝子操藥以修慈父，其色燋然，聖人羞之。至德之世，不尚賢，不使能；上如標枝，民如野鹿；端正而不知以爲義，相愛而不知以爲仁，實而不知以爲忠，當而不知以爲信，蠢動而相使，不以爲賜。是故行而無跡，事而無傳。」⑧

拙著《莊子寓言研究》云：

言至德之世，人民相愛於自然之境。夫禿頭，才需戴假髮；有病，才需飲湯藥；天下混亂，才需仁義忠信以治民。故至德之世，行而無跡，事而無傳，毋需仁義忠信之治；猶健康之人，毋需湯藥之療也。」⑨

不貴難得之貨，使民不爲盜；晉武帝焚雉頭裘，宋武帝碎琥枕珀，減少亂端。反之，貴難得之貨，是啟民爭利之心也。是以桀爲玉床，紂爲象箸，卒自取滅亡。《論語・顏淵篇》：孔子云：「苟子之不欲，雖賞之不竊。」⑩夫難得之貨，引申之，則如呂不韋所謂奇貨可居之奇貨，亦即帝王之寶座，人人貴重，人人覬覦，項羽謂彼可取而代之，劉邦謂大丈夫當如是也。《莊子・胠篋》：

跖之徒問於跖曰：「盜亦有道乎？」跖曰：「何適而無有道邪！夫妄意室中之藏，聖也；入先，勇也；出後，義也；知可否，知也；分均，仁也。五者不備而能成大盜者，天下未之有也。」⑪

漆園以盜亦有道，寓大盜竊國之意。⑫

不見可欲，使民心不亂。《韓非子・二柄》云：

越王好勇，而民多輕死；楚靈王好細腰，而國中多餓人；齊桓公妒而好內，故豎刁自宮以治內；桓公好味，易牙蒸其子首而進之；燕子噲好賢，故子之明不受國。故君見惡則群臣匿端，君見好則群臣誣能。人主欲見，則群臣之情態得其資矣。故子之託於賢以奪其君者也，豎刁、易牙因君之欲以侵其君者也，其卒子噲以亂死，桓公蟲流出戶而不葬。此其何故也？人君以情借臣之患也。人臣之情非必能愛其君也，爲重利之故也。⑬

此即上有所好，下必甚焉。

無爲而治，爲老子之政治理想。《莊子・在宥》：

聞在宥天下，不聞治天下也。在之也者，恐天下之淫其性也；宥之也者，恐天下之遷其德也。天下不淫其性，不遷其德，有治天下者哉！昔堯之治天下也，使天下欣欣焉人樂其性，是不恬也；桀之治天下也，使天下瘁瘁焉人苦其性，是不愉也。夫不恬不愉，非德也。非德也而可長久者，天下無之。人大喜邪？毗於陽；大怒邪？毗於陰。陰陽並毗，四時不至，寒暑之和不成，其反傷人之形乎！使人喜怒失位，居處無常，思慮不自得，中道不成章，於是乎天下始喬詰卓鷙，而後有盜跖曾史之行。故舉天下以賞其善者不足，舉天下以罰其惡者不給，故天下之大不足以賞罰。自三代以下者，匈匈焉終以賞罰爲事，彼何暇安其性命之情哉！……故君子不得已而臨蒞天下，莫若無爲。無爲也而後安其性命之情。故貴以身於爲天下，則可以託天下；愛以身於爲天下，則可以寄天下。故君子苟能無解其五藏，無擢其聰明，尸居而龍見，淵默而雷聲，神動而天隨，從容無爲而萬物炊累焉。吾又何暇治天下哉！⑭

漆園之言，闡述至明矣！

【附　注】

① 郭慶藩《莊子集釋》，卷五下，〈天運〉第十四，頁五二二。
② 同上，卷四上，〈駢拇〉第八，頁三一七。
③ 同上，卷六下，〈秋水〉第十七，頁五九〇。
④ 同上。
⑤ 同上。
⑥ 同上，卷三下，〈應帝王〉第七，頁三〇九。

⑦ 葉程義《莊子寓言研究》，(44)〈一竅不通〉，頁一二七—一二八。

⑧ 同注①，卷五上，〈天地〉第十二，頁四四三—四四五。

⑨ 同注⑦，(59)〈赤張滿稽論政〉，頁一四四—一四五。

⑩《論語注疏·顏淵》，卷十二，頁八，總頁一〇九。

⑪ 同注①，卷四中，〈胠篋〉第十，頁三四六。

⑫ 同注⑦，(47)〈盜亦有道〉，頁一三一—一三二。

⑬ 陳奇猷校注《韓非子集釋》卷第二，〈二柄〉第七，頁一一二。（台北市，河洛圖書出版社，民國六十三年再版，夏學叢書。）

⑭ 同注①，卷四下，〈在宥〉第十一，頁三六四。

四　章

道沖，而用之或不盈。淵兮似萬物之宗。挫其銳，解其紛，和其光，同其塵，湛兮似或存。吾不知誰之子，象帝之先。

本章旨在說明道之體用，道體似萬物之宗，道用取之不盡，用之不竭。其大意爲：道不可見，虛而不滿，源遠流長，綿綿不絕，而用之不竭。其深不可測，爲萬物所依歸。不爭名利，收斂鋒芒，不譴是非，超脫糾紛，包藏才智而不自顯露，與塵俗相合而不自立異。處光明之世，不流於俗；居黑暗之時，不渝其眞，而韜光養晦。其無形無象，似乎空無所有，然有其實體存在。吾人誠不知其從何處而來？似乎未有天地萬物主宰之上帝，道已先在矣！

道似大道，深不可測。《莊子・知北遊》：

孔子問於老聃曰：「今日晏閒，敢問至道？」老聃曰：「汝齋戒，疏瀹而心，澡雪而精神，掊擊而知！夫道，窅然難言哉！將爲汝言其崖略。夫昭昭生於冥冥，有倫生於無形，精神生於道，形本生於精，而萬物以形相生，故九竅者胎生，八竅者卵生。其來無跡，其往無崖，無門無房，四達之皇皇也，邀於此者，四肢彊，思慮恂達，耳目聰明，其用心不勞，其應物無方。天不得不高，地不得不廣，日月不得不行，萬物不得不昌，此其道與！且夫博之不必知，辯之不必慧，聖人以斷之矣。

若夫益之而不加益，損之而不加損者，聖人之所保也。淵淵乎其若海，魏魏乎其終則復始也，運量萬物而不匱。則君子之道，彼其外焉！萬物皆往資焉而不匱，此其道與！」①

拙著《莊子寓言研究》云：

夫道無形，萬物賴之而生，雖耳目所不能聞見，然充塞乎天地之間，上則爲日星，下則爲河嶽。故道無所不在，花草樹木。鳥獸蟲魚，無不有道。失之則物滅，得之則物生，生聚死散，皆天地自然之道也。②

和光同塵，包藏才智而不顯露也，與塵俗合而不自立異也。《古樂府・君子行》：「勞謙得其柄，和光甚獨難。」《後漢書・王允傳》：「獨崇高節，豈和光之道邪？」③《後漢書・張奐傳》：「不能和光同塵，爲讒邪所忌。」④《顏氏家訓・勉學》：「嵇叔夜排俗取禍，豈和光同塵之流也！」⑤佛家假之，以顯佛菩薩和威德光，近諸惡人，又示現種種身之義。如觀音之普門示現，即和光同塵也。《止觀・六之二》曰：「和光同塵，結緣之始。八相成道，以論其終。」《同輔行》曰：「和光下釋現身也。同四處塵，處處結緣。作淨土之因，爲利物之始。衆生機熟，八相成道。見身聞法，終至實益。」又與惡人同處，不染其惡，謂之和光不同其塵。《涅槃經六》曰：「是人爲欲調伏如是諸比丘故，與其和光，不同其塵。」

挫銳解紛，和光同塵，莫過於相如也。《史記・廉頗藺相如列傳》：

既罷歸國，以相如功大，拜爲上卿，位在廉頗之右。廉頗曰：「我爲趙將，有攻城野戰之大功，而藺相如徒以口舌爲勞，而位居我上。且相如素賤人，吾羞，不忍爲之下。」宣言曰：「我見相如，必辱之。」相如聞，不肯與會。相如每朝時，常稱病，不欲廉頗爭列。已而相如出，望見廉頗，相如引車避匿。於是舍人相與諫曰：「臣所以去親戚而事君者，徒慕君之高義也。今君與廉頗同列，廉君宣惡言而君畏匿之，恐懼殊甚。且庸人尚羞之，況於將相乎？臣等不肖，請辭去。」藺相如固止之，曰：「公之視廉將軍孰與秦王？」曰：「不若也。」相如曰：「夫以秦王之威，而相如廷叱之，辱其群臣，相如雖駑，獨畏廉將軍哉？顧吾念之：彊秦之所以不敢加兵於趙者，徒以吾兩人在也。今兩虎共鬥，其勢不俱生。吾所以爲此者，以先國家之急，而後私讎也。」廉頗聞之，肉袒負荆。因賓客至藺相如門謝罪。曰：「鄙賤之人，不知將軍寬之至此也。」卒相與驩，爲刎頸之交。⑥

此可謂典型之範例也。

【附　注】

① 郭慶藩《莊子集釋》，卷七下，〈知北遊〉第二十二，頁七四一—七四三。

② 葉程義《莊子寓言研究》，(121)〈老聃論至道〉，頁二二四。

③《後漢書·陳王列傳》第五十六，卷六十六，頁二一七五。（台北市，世界書局，民國六十一年。）

④ 同上，〈皇甫張段列傳〉第五十五，卷六十五，頁二一四三。

⑤《顏氏家訓・勉學》第八，頁一六。（台北市，世界書局，民國六十一年，新編《諸子集成》第二冊。）

⑥《史記・廉頗藺相如列傳》第二十一，卷八十一，頁二四四三。

五　章

天地不仁，以萬物為芻狗；聖人不仁，以百姓為芻狗。天地之間，其猶橐籥乎。虛而不屈，動而愈出。多言數窮，不如守中。

本章主旨在闡述天地無私心，聖人無愛憎之義。其大意爲：天地無私愛之心，對萬物一視同仁，猶如人之結草爲狗，祭祀用之，祭畢則棄，大公無私，無所愛憎；聖人亦然，無偏愛之心，對百姓一視同仁。天地之間，廓然空虛，猶如風箱，不動則虛靜無爲，而其用無窮，動之則汩汩生風，源源不絕。故能生化萬物，滋生繁衍。天地不言而化，無爲而成，聖人法天，處無爲之事，行不言之教。蓋言多必失，繁而寡當，不如沉默寡言，守虛靜之道。

天地化育萬物，非有愛憎，各順其自然之性而已矣。《莊子・消遥遊》：

朝菌不知晦朔，蟪蛄不知春秋，此小年也。楚之南有冥靈者，以五百歲爲春，五百歲爲秋；上古有大椿者，以八千歲爲春，八千歲爲秋。此大年也。①

此非天地之憎朝菌、蟪蛄而使之短命；亦非天地之愛冥靈、大椿而使之長壽，皆自然之道也。

聖人化育萬民，風行草偃，效法天道，無爲而治，亦無愛憎之情，順乎民性而已矣。《莊子大宗師》云：

聖人之用兵也，亡國而不失人心；利澤施乎萬世，不爲愛人。故樂通物，非聖人也；有親，非仁也。……許由曰：「噫！未可知也。我爲汝言其大略。吾師乎！吾師乎！𩐈萬物而不爲義，澤及萬世而不爲仁，長於上古而不爲老，覆載天地刻雕衆形而不爲巧。此所遊已。」②

許由所謂不爲仁義老巧，可謂天地不仁之的解。

老子云：「大道廢，有仁義。」（十八章）吾人必須忘去仁義，泯除是非，以涉道之藩籬，冀以升堂入室。③《莊子・齊物論》云：

夫大道不稱，大辯不言，大仁不仁，大廉不嗛，大勇不忮。道昭而不道，言辯而不及，仁常而不成，廉清而不信，勇忮而不仁。④

漆園以「虎狼爲仁」，蓋亦有「父子相親」，此以「天地無私，萬物平等」而言。《莊子・天運》云：

商大宰蕩問仁於莊子。莊子曰：「虎狼，仁也。」曰：「何謂也？」莊子曰：「父子相親，何爲不仁？」曰：「請問至仁？」莊子曰：「至仁無親。」大宰曰：「蕩聞之，無親則不愛，不愛則不孝，謂至仁不孝，可乎？」莊子曰：「不然。夫至仁尚矣，孝固不足以言之。此非過孝之言也，不及孝之言也。」⑤

老子云：「天道無親。」（七九章）此言至仁無親，句法相似，意義亦同。其謂至仁者，一視同仁，無所偏愛。故老子云：「天地不仁，以萬物爲芻狗；聖人不仁，以百姓爲芻狗。」⑥夫聖人玄通萬物，混同一體，不知其然，此乃天賦稟性也。故《莊子・則陽》云：

生而美者，人與之鑑，不告則不知其美於人也。若知之，若不知之；若聞之，若不聞之；其可喜也終無已，人之好之亦無已，性也。聖人之愛人也，人與之名，不告則不知其愛人也。若知之，若不知之；若聞之，若不聞之；其愛人也終無已，人之安之亦無已，性也。⑦

此言美女之艷麗，聖人之仁愛，皆人爲而定之。

柳宗元深得老子之旨，以植木爲喻，言當順木之性。其〈種樹郭橐駝傳〉云：

橐駝非能使木壽且孳也，以能順木之天，以致其性焉爾。凡植木之性，其本欲舒，其培欲平，其土欲故，其築欲密。既然已，勿動勿慮，去不復顧。其蒔也若子，其置也若棄，則其天者全，而其性得矣。故吾不害其長而已，非有能碩而茂之也。不抑耗其實而已，非有能蚤而蕃之也。他植者則不然：根拳而土易；其培之也，若不過焉則不及。苟有能反是者，則又愛之太殷，憂之太勤。旦視而暮撫，已去而復顧；甚者爪其膚以驗其生枯，搖其本以觀其疏密，而木之性日以離矣。雖曰愛之，其實害之；雖曰憂之，其實讎之；故不我若也，吾又何能爲哉？⑧

橐駝植木之喻，可謂聖人不仁之的解。

多言數窮，言多必失，猶如金人銘所謂多言多敗，不如沉默寡言。灌夫罵坐，禰衡擊鼓，皆逞口舌之快，終遭殺身之禍，可謂殷鑑也。司馬遷《史記》云：

灌將軍夫者，潁陰人也。夫父張孟，嘗爲潁陰侯嬰舍人，得幸，因進之至二千石，故蒙灌氏姓爲灌孟。……飲酒酣，武安起爲壽，坐皆避席伏。已魏其侯爲壽，獨故人避席耳，餘半膝席。灌夫不悅。起行酒，至武安，武安膝席曰：「不能滿觴。」夫怒，因嘻笑曰：「將軍貴人也，屬之！」時武安不肯。行酒次至臨汝侯，臨汝侯方與程不識耳語，又不避席。夫無所發怒，乃罵臨汝侯曰：「生平毀程不識不值一錢，今日長者爲壽，乃效女兒呫囁耳語！」武安謂灌夫曰：「程李俱東西宮衛尉，今衆辱程將軍，仲孺獨不謂李將軍地乎？」灌夫曰：「今日斬頭陷匈，何知程李乎！」坐乃起更衣，稍稍去。魏其侯去，麾灌夫出。武安遂怒曰：「此吾驕灌夫罪。」乃令騎留灌夫。灌夫欲出不得。籍福起爲謝，案灌夫項令謝。夫愈怒，不肯謝。武安乃麾騎縛夫置傳舍，召長史曰：「今日召宗室，有詔。」劾灌夫罵坐不敬，繫居室。遂按其前事，遣吏分曹逐捕諸灌氏支屬，皆得棄市罪。⑨

夫禍從口出，如灌夫者，何其愚也！又范曄《後漢書》云：

融既愛衡才，數稱述於曹操。操欲見之，而衡素相輕疾，自稱狂病，不肯往，而數有恣言。操懷忿，而以其才名，不欲殺之。聞衡善擊鼓，乃召爲鼓史，因大會賓客，閱試音節。諸史過者，皆令脫其故衣，更著岑牟單絞之服。次至衡，衡方爲漁陽參撾，蹀躞而前，容態有異，聲節悲壯，聽者莫不慷慨。衡進至操前而止，吏訶之曰：「鼓史何不改裝，而輕敢進乎？」衡曰：「諾。」於是先解衵衣，次解餘服，裸身而立，徐取岑牟、單絞而著之，畢，復參撾而去，顏色不怍。操笑曰：「本欲辱衡，衡反辱孤。」孔融退而數之曰：「正平大雅，固當爾邪？」因宣操區區之意。衡許往。融復見操，說衡狂疾，今求得自謝。操喜，勑門者有客便通，待之極晏。衡乃著布單衣、疏巾，手持三尺梲杖，坐大營門，以杖捶地大罵。吏白：「外有狂生，坐於營門，言語悖逆，請收案罪。」操怒，謂融曰：「禰衡豎子，孤殺之猶雀鼠耳，顧此人素有虛名，遠近將謂孤不能容之，今送與劉表，視當何如？」於是遣人騎送之。臨發，衆人爲之祖道，先供設於城南，乃更相戒曰：「禰衡勃虐無禮，今因其後到，咸當以不起折之也。」及衡至，衆人莫肯興，衡坐而大號。衆問其故，衡曰：「坐者爲冢，卧者爲屍，屍冢之間，能不悲乎！」……後復侮慢於表，表恥不能容，以江夏太守黃祖性急，故送衡與之，祖亦善待焉。……後黃祖在蒙衝船上，大會賓客，而衡言不遜順，祖慙，乃訶之，衡更熟視曰：「死公！云等道？」祖大怒，令五百將出，欲加箠，衡方大罵，祖恚，遂令殺之。」⑩

衡恃才傲物，出言不遜，終遭殺戮，何其悲哉！

【附　注】

① 郭慶藩《莊子集釋》，卷一上，〈逍遥遊〉第一，頁十一。
② 同上，卷三上，〈大宗師〉第六，頁二三二及二八一。
③ 葉程義《莊子寓言研究》，㊱〈意而子見許由論仁義〉，頁一二〇。
④ 同注①，卷一下，〈齊物論〉第二，頁八三。
⑤ 同上，卷五下，〈天運〉第十四，頁四九七。

⑥ 同注③，(66)〈莊子論至仁無親〉，頁一五二。

⑦ 同注①，卷八下，〈則陽〉第二十五，頁八八二。

⑧ 《柳河東集》卷十七，頁三〇五。（台北市，河洛圖書出版社，民國六十三年，夏學叢書。）

⑨ 《史記・魏其武安候列傳》第四十七，卷一〇七，頁二八四五、二八四九—二八五〇。

⑩ 《後漢書・文苑列傳》第七十下，卷八十下，頁二六五五—二六五八。

六 章

谷神不死，是謂元牝。元牝之門，是謂天地根。緜緜若存，用之不勤。

本章旨在闡述道無窮盡之義，其大意爲：道如山谷空虛，化育萬物，神妙莫測，不生不滅，永無窮盡，陰陽交合，生生不息，故曰爲萬物生殖之母。其生殖之樞機，亦即天地之根源。其道恍惚窈冥，似有似無，細微不絕，遵道而行，則無須煩勞傷身也。

夫天地者，萬物之根源。《莊子・知北遊》云：

> 天地有大美而不言，四時有明法而不議，萬物有成理而不說。聖人者，原天地之美而達萬物之理，是故至人無爲，大聖不作，觀於天地之謂也。今彼神明至精，與彼百化，物已死生方圓，莫知其根也，扁然而萬物自古以固存。六合爲巨，未離其內；秋豪爲小，待之成體。天下莫不沉浮，終身不故；陰陽四時運行，各得其序。惛然若亡而存，油然不形而神，萬物畜而不知。此之謂本根，可以觀於天矣。①

夫時有春夏秋冬，天有日月星辰，地有山谷河川，人有生老病死，物有成住壞空，此種新陳代謝現象，周而復始，循環不息，皆宇宙自然之道也，天地萬物之根源也。

天地爲萬物之根源，亦即列子所謂萬物化生是也。《列子・天瑞》云：

子列子居鄭圃，四十年人無識者。國君卿大夫視之，猶衆庶也。國不足，將嫁於衛。弟子曰：「先生往無期，弟子敢有所謁；先生將何以教？先生不聞壺丘子林之言乎？」子列子笑曰：「壺子何言哉？雖然，夫子嘗語伯昏瞀人。吾側聞之，試以告女。其言曰：有生不生，有化不化。不生者能生生，不化者能化化。生者不能不生；化者不能不化，故常生常化。常生常化者，無時不生，無時不化。陰陽爾，四時爾，不生者疑獨，不化者往復。往復，其際不可終；疑獨，其道不可窮。黃帝書曰：『谷神不死，是謂玄牝。玄牝之門，是謂天地之根，綿綿若存，用之不勤。』故生物者不生，化物者不化。自生自化，自形自色，自智自力，自消自息。謂之生化形色智力消息者，非也。」子列子曰：「昔者聖人因陰陽以統天地。夫有形者生於無形，則天地安從生？故曰：有太易，有太初，有太始，有太素。太易者，未見氣也；太初者，氣之始也；太始者，形之始也；太素者，質之始也。氣形質具而未相離，故曰渾淪。渾淪者，言萬物相渾淪而未相離也。視之不見，聽之不聞，循之不得，故曰易也。易無形埒，易變而爲一，一變而爲七，七變而爲九，九變者，究也；乃復變而爲一。一者，形變之始也。清輕者上爲天，濁重者下爲地，沖和氣者爲人；故天地含精，萬物化生。②

列子之說，可謂得其三昧矣。③

【附　注】

①郭慶藩《莊子集釋》卷七下，〈知北遊〉第二十二，頁七三五。

②《列子》卷一，《天瑞》第一，頁一—二。（台北市，世界書局，民國六十一年，新編。諸子集成》第四冊。）

③按《列子》「萬物化生」之說，《莊子》亦有此言。據莊萬壽《列子研究》，疑張湛《列子注本》，爲其祖張嶷所編選，取自《莊子》五十二篇本，故《列子》雖屬僞書，不因其僞而失去其價值也。故采錄其說，謹此陳明。

七　章

天長地久。天地所以能長且久者，以其不自生，故能長生。是以聖人後其身而身先，外其身而身存。非以其無私邪？故能成其私。

本章旨在闡述無私之義，如天地無私，故能長久；聖人無私，故能永生。其大意爲：夫宇宙萬物，以天地最爲長久，日月星辰，山谷河川，自古至今，未知終始。天地之所以能長久之原因，以其不自私，故能永生不滅。是故聖人效法天地之道，先天下之憂而憂，後天下之樂而樂；以國家興亡爲己任，置個人死生於度外，德昭天下而共尊，功垂後世而不朽。豈非因其無小我之私，乃得以成其大我之功乎？

夫道無私，《莊子．則陽》云：

少知問於太公調曰：「何謂丘里之言？」太公調曰：「丘里者，合十姓百名而以爲風俗也，合異以爲同，散同以爲異。今指馬之百體而不得馬，而馬係於前者，立其百體而謂之馬也。是故丘山積卑而爲高，江河合水而爲大，大人合並而爲公。是以自外入者，有主而不執；由中出者，有正而不距。四時殊氣，天不賜，故歲成；五官殊職，君不私，故國治；文武大人不賜，故德備；萬物殊理，道不私，故無名。無名故無爲，無爲而無不爲。時有終始，世有變化。禍福淴淴，至有所拂者而有所宜；自殉殊面，有所正者有所差。比於大澤，百材皆度；觀乎大山，木石同壇。此之謂丘里之言。」①

夫道無私無名，無所不在，宇宙萬物均有其道，犬馬山澤木石百材雖有其道，然究非道之整體也。豈可以偏概全？如瞎子摸象，所見究非全象也。②

又天無私覆，《莊子・大宗師》云：

「天無私覆，地無私載，天地豈私貧我哉？」③

此言天地無私，貧窮命也。夫萬物生存死亡，得失禍福，皆爲命也。萬物之所以爲萬物，可謂之命；萬物之各有形性，可謂之分。吾人若能安分守命，即合乎自然，合乎天道，自然天道，二而一者也。④

又聖人無私，《莊子・天地》云：

夫子曰：「夫道：覆載萬物者也，洋洋乎大哉！君子不可以不刳心焉。無爲爲之之謂天，無爲言之之謂德，愛人利物之謂仁，不同同之之謂大，行不崖異之謂寬，有萬不同之謂富。故執德之謂紀，德成之謂立，循於道之謂備，不以物挫志之謂完。君子明於此十者，則韜乎其事心之大也，沛乎其爲萬物逝也。若然者，藏金於山，藏珠於淵，不利貨財，不近貴富；不樂壽，不哀夭；不榮通，不醜窮；不拘一世之利以爲己私分，不以王天下爲己處顯，顯則明，萬物一府，死生同狀。⑤

老子曰：「既以爲人己愈有，既以與人己愈多。」（第八十一章）此即「以其無私，故能成其私」者也。如《史記・淮陰侯傳》：

韓信曰：漢王遇我甚厚，載我以其車，衣我衣其衣，食我以其食。吾聞之，乘人之車者載人之患，衣人之衣者懷人之憂，食人之食者死人之事，吾豈可以鄉利倍義乎！⑥劉邦之成，項羽之敗，成敗之理，由此可以得之矣。

【附　注】

①郭慶藩《莊子集釋》卷八下，〈則陽〉第二十五，頁九〇九—九一〇。
②葉程義《莊子寓言研究》，(130)〈丘里之言〉，頁二四五。
③同注①，卷三上，〈大宗師〉第六，頁二八六。
④同注②，(38)〈子桑鼓琴而歌〉，頁一二二。
⑤同注①，卷五上，〈天地〉第十二，頁四〇六—四〇七。
⑥《史記・淮陰侯列傳》第三十二，卷九十二，頁二六二五。

八　章

上善若水，水善利萬物而不爭，處衆人之所惡，故幾於道。居善地，心善淵，與善仁，言善信，正善治，事善能，動善時。夫唯不爭，故無尤。

本章旨在闡述以水喻道之義。夫道無形，故不可說，若以有形之物譬之，唯水近之，性質柔弱，方圓高下，無所不宜。其大意爲：至善之物，莫如於水。水性柔弱，潤澤萬物，施而不取；居卑處下，受天下之垢，故近於道。至善之人，性如柔水，適應環境，隨遇而安。心如止水，深平不偏。爲人處世，無所好惡。言眞意誠，如水照形。無爲而治，惠及萬物。因事制宜，化朽爲奇。順時而行，隨機應變。與世無爭，故無怨尤。

老子以水喻道，莊子謂水象天德。珍惜愛護，不敢輕用，以喻養神之道也。其〈刻意〉云：

形勞而不休則弊，精用而不已則勞，勞則竭。水之性，不雜則清，莫動則平；鬱閉而不流，亦不能清，天德之象也。①

夫身體髮膚受之父母，不可毁傷，而況精神者乎！世俗之人，爭名逐利，勞形傷神。終日沉迷於歌臺舞榭，陶醉於聲色犬馬之中，或身敗名裂，或毁身喪生，可不愼哉！②〈德充符〉云：

平者，水停之盛也。其可以爲法也，內保之而外不蕩也。德者，成和之修也。德不形者，物不能離也。③

莊子以精神與物質相異，而不可偏廢，故其雖重視天道，而未忽視人道。其〈在宥〉云：

賤而不可任者，物也；卑而不可不因者，民也；匿而不可不爲者，事也；麤而不可不陳者，法也；遠而不可不居者，義也；親而不可不廣者，仁也；節而不可不積者，禮也；中而不可不高者，德也；一而不可不易者，道也；神而不可不爲者，天也。故聖人觀於天而不助，成於德而不累，出於道而不謀，會於仁而不恃，薄於義而不積，應於禮而不諱，接於事而不辭，齊於法而不亂，恃於民而不輕，因於物而不去。物者莫足爲也，而不可不爲。不明於天者，不純於德；不通於道者，無自而可；不明於道者，悲夫！何謂道？有天道，有人道。無爲而尊者，天道也；有爲而累者，人道也。主者，天道也；臣者，人道也。天道之與人道也，相去遠矣，不可不察也。④

道與德，必須調應而適之。故《莊子・知北遊》云：

調而應之，德也；偶而應之，道也。⑤

言調和順應謂之德，隨機適應謂之道。夫道無形，萬物賴之而生，雖耳目所不能聞見，然充塞乎天地之間，上則爲日星，下則爲河嶽。故道無所不在，花草樹木，鳥獸蟲魚，無不有道。失之則物滅，得之則物生，生聚死散，皆天地自然之道也。⑥

夫儒道佛三聖，常以水喻道。《論語・子罕》云：

子在川上曰：「逝者如斯夫！不舍晝夜。」⑦

儒家精進利生，以喻人當自強不息。《孟子・離婁下》云：

徐子曰：「仲尼亟稱於水曰：水哉！水哉！何取於水也？」孟子曰：「原泉混混，不舍晝夜，盈科而後進，放乎四海；有本者如是，是之取爾。」⑧

又〈盡心上〉云：

觀水有術，必觀其瀾；日月有明，容光必照焉。流水之爲物也，不盈科不行；君子之志於道也，不成章不達。⑨

以明君子修道成章之序。《荀子・宥坐》云：

孔子觀於東流之水。子貢問於孔子曰：「君子之所以見大水必觀焉者，是何？」孔子曰：「夫水，徧與諸生而無爲也，似德。其流也埤下，裾拘必循其理，似義。其洸洸乎不淈盡，似道。若有決行之，其應佚若聲響，其赴百仞之谷不懼，似勇。主量必平，似法。盈不求概，似正。淖約微達，似察。以出以入以就鮮絜，似善化。其萬折也必東，似志。是故君子見大水必觀焉。」⑩

水之象徵意義，得孔孟荀聖哲之言，可謂淋漓盡致矣。

老子尤好以水喻道，老子曰：「譬道之在天下，猶川谷之於江海。」（卅二章）「大道氾兮，其可左右。萬物恃之而生而不辭，功成不名有。」（卅四章）「江海所以能爲百谷王者，以其善下之，故能爲百谷王。」（六十六章）「天下莫柔弱於水，而攻堅強者莫之能勝，其無以易之。」（七十八章）道家謙下養生，水之惠澤萬物，自居下流，包容一切，以作道之妙喻。

至於佛家，以大海喻涅槃。其《涅槃經》三十二云：

譬如大海，有八不思議。何等爲八？一者漸漸轉深。二者深難得底。三者同一鹹味。四者潮不過限。五者有種種寶藏。六者大身衆生在中居住。七者不宿死尸。八者一切萬流大雨投之，不增不減。⑪

華嚴經中以大海十相，譬十地菩薩修行。一、次第漸深。二、不受死屍。三、餘水入失本名。四、普同一味。五、無量珍寶。六、無能至底。七、廣大無量。八、大身所居。九、潮不過限。十、普受大雨。⑫佛家聖淨無生，以海水喻修道之進境。

至於居善地、心善淵、與善仁、言善信、正善治、事善能、動善時者。如張良求封於留，居善地而得善終也。《史記·留侯世家》：

漢六年正月，封功臣。良未嘗有戰鬥功，高帝曰：「運籌策帷帳中，決勝千里外，子房功也。自擇齊三萬戶。」良曰：「始臣起下邳，與上會留，此天以臣授陛下。陛下用臣計，幸而時中，臣願封留足矣，不敢當三萬戶。」乃封張良爲留侯，與蕭何等俱封⑬

鄭崇心如止水，以明心跡，此心善淵也。《漢書·鄭崇傳》：

尚書令趙昌佞諂，素害崇，知其見疏，因奏崇與宗族通，疑有姦，請治。上責崇曰：「君門如市人，何以欲禁切主上？」崇對曰：「臣門如市，臣心如水。願得考覆。」上怒，下崇獄，窮治，死獄中。⑭

夫良禽擇木而棲，賢臣擇主而事，其死於昏君哀帝之手，何其悲哉！

孔明以三顧茅廬，鞠躬盡瘁，死而後已。此與善仁，言善信也。《三國志蜀書・諸葛亮傳》：

臣本布衣，躬耕於南陽，苟全性命於亂世，不求聞達於諸侯。先帝不以臣卑鄙，猥自枉屈，三顧臣於草廬之中，諮臣以當世之事，由是感激，遂許先帝以驅馳。後值傾覆，受任於敗軍之際，奉命於危難之間，爾來二十有一年矣。先帝知臣謹慎，故臨崩寄臣以大事也。受命以來，夙夜憂歎，恐託付不效，以傷先帝之明，故五月渡瀘，深入不毛。今南方已定，兵甲已足，當獎率三軍，北定中原，庶竭駑鈍，攘除姦凶，興復漢室，還于舊都。此臣所以報先帝，而忠陛下之職分也。[15]

又《諸葛亮後出師表》云：「臣鞠躬盡力，死而後已。至於成敗利鈍，非臣之明所能逆睹也。[16]其可謂善仁善信矣！

管仲任政相齊，富國強兵；晏嬰事齊三公，危言危行，皆正善治，事善能，動善時者也。《史記・管晏列傳》：

管仲相齊，其爲政也，善因禍而爲福，轉敗而爲功。貴輕重，慎權衡。桓公實怒小姬，南襲蔡，管仲因而伐楚，責包茅不入貢於周室。桓公實北征山戎，而管仲因而令燕修召公之政。於柯之會，桓公欲背曹沫之約，管仲因而信之，諸侯由是歸齊。故曰：知與之爲取，政之寶也。……晏平仲嬰者，萊之夷維人也。事齊靈公、莊公、景公，以節儉力行重於齊。既相齊，食不重肉，妾不衣帛。其在朝，君語及之，即危言；語不及之，即危行。國有道，即順命；無道，即衡命。以此三世顯名於諸侯。⑰

其可謂善治、善能、善時者矣！

【附注】

① 郭慶藩《莊子集釋》卷六上，〈刻意〉第十五，頁五四三—五四四。

② 葉程義《莊子寓言研究》，(72)〈干越之劍〉，頁一六〇。

③ 同注①，卷二下，〈德充符〉第五，頁二一四—二一五。

④ 同注①，卷四下，〈在宥〉第十一，頁三九七—「四〇一。

⑤ 同注①，卷七下，〈知北遊〉第二十二，頁七四五。

⑥ 同注②，(121)〈老聃論至道〉，頁二一三—二一四。

⑦ 《論語注疏・子罕》，卷第九，頁七，總頁八〇。

⑧ 《孟子注疏・離婁下》，卷八上，頁九，總頁一四五。

⑨ 同上，《盡心上》，卷十三下，頁二，總頁二三八。

⑩ 梁啟雄《荀子柬釋》，第二十八篇〈宥坐〉，頁三九〇。（台北市，河洛圖書出版社，民國六十三年，夏學叢書。）

⑪ 曇無讖譯《大般涅槃經》第三十二，頁五十九，總頁三二二。（台北市，佛教出版社，民國七十三年，

佛教大藏經第二十二冊。）

⑫《大方廣佛華嚴經疏》第四十四云：如海十相，方能成海，得大菩提果故，果順因也。如海成時，不失十相，離十相而無海，離十地而無佛智故，十地即智海也。別中攝十爲八：一、易入功德以漸故。二、淨功德。三、平等功德。四、護功德，護自一味，恆不失故。五、利益功德，利世間故。六、六七二句合爲不竭功德，以深廣故。七、住處功德，無功用行，是菩薩所住故。經云大身者，以無量身修菩薩行，十身相作故。八、末後二句合名護世間功德。九、地潮不過限，不誤傷物，知機援法，不差根器。十、地若大海，水溺四洲，餘不能受，必生毀謗。又得此二法，用護世間。（台北市，佛教出版社，民國七十三年《佛教大藏經》第五十九冊，頁八十三—八十四，總頁五三五—五三六。）

⑬《史記・留侯世家》第二十五，卷五十五，頁二〇四二。

⑭《漢書・蓋諸葛劉鄭孫毋將何傳》第四十七，卷七十七，頁三二五六—三二五七。

⑮《三國志・蜀漢・諸葛亮傳》第五，卷三十五，頁九二〇。

⑯同上，裴松之注㈢所錄諸葛亮〈後出師表〉，不見於《三國志・諸葛亮傳》，裴氏云：「此表，亮集所無，出張儼《默記》。」案此表中有「喪趙雲」一語，考趙雲卒於後主建興七年，亮上此表爲六年，不應有此記載，疑係張儼或諸葛恪僞作。

⑰《史記・管晏列傳》第二，卷六十二，頁二一三二—二一三四。

九章

持而盈之，不如其已；揣而棁之，不可長保。金玉滿堂，莫之能守；富貴而驕，自遺其咎。功遂，身退，天之道。

本章主旨在闡述滿損謙益，功成身退之義。其大意爲：器皿貯水過滿則溢，不如在滿盈前及早停止注入。刀劍鋒鋩過於尖銳則易銼鈍，不能永保鋒利。滿堂金玉，易招盜寇，庶人無罪，懷璧其罪，豈能長乎？富貴驕奢淫佚，腐化墮落，罪孽深重，自取災禍。功成則退，名就則隱；物有成住壞空，人有生老病死，此乃自然之現象也。

滿招損，謙受益。自鳴得意，安於現狀者，如豕蝨藏身於豬毛，終葬身於火海。《莊子・徐無鬼》：

> 濡需者，豕蝨是也，擇疏鬣，自以謂廣宮大囿，奎 曲隈，乳間股腳，自以爲安室利處，不知屠者之一旦鼓臂布草操煙火，而己與豕俱焦也。此以域進，此以域退，此其所謂濡需者也。①

流俗寡識之人，耽好情欲，與豕蝨無異也。《莊子・列禦寇》：

> 正考父一命而傴，再命而僂，三命而俯，循牆而走，孰敢不軌！如而夫者，一命而呂鉅，再命而於車上儛，三命而名諸父，孰協唐許！②

正考父之行，命位愈尊，謙卑愈甚，而庸俗之徒則反是矣。夫小人得勢，位高名顯，必狂妄自大，倨傲驕世矣。莊生以正考父與凡夫對比，如君子與小人，兩者之差距蓋顯矣。③

匹夫無罪，懷璧其罪；死屍無罪，懷珠其罪。《莊子・外物》：

儒以詩禮發冢。大儒臚傳曰：「東方作矣，事之何若？」小儒曰：「未解裙襦，口中有珠。詩固有之曰：『青青之麥，生於陵陂。生不布施，死何含珠爲？』按其鬢，壓其顪，儒以金椎控其頤，徐別其頰，無傷口中珠！」④

儒生以研究詩禮爲名，掘墓盜珠，以諷儒者滿口仁義道德，口吟詩經，行爲卑鄙，喻儒教之不足爲法也。夫守財奴者，生不布施，死殮含珠，遭人盜墓，死骨頭顱，按摩控徐，何其悲哉！⑤

功成身退，天之道也。《莊子・讓王》：

楚昭王失國，屠羊說走而從於昭王。昭王反國，將賞從者，及屠羊說。屠羊說曰：「夫三旌之位，吾知其貴於屠羊之肆也；萬鍾之祿，吾知其富於屠羊之利也；然豈可以貪爵祿而使吾君有妄施之名乎！說不敢當，願復反吾屠羊之肆」遂不受也。⑥

言屠羊說有功於國而不受爵祿，身處卑微而陳義甚高。夫屠羊說者，莊生借之以說明其思想而已。今世之人，爭功諉過，唯恐不及，若屠羊說者，可得聞乎？⑦

富貴而驕，自遺其咎。《晉書・石苞傳（附子崇）》：

石崇財產豐積，室宇宏麗。後房百數，皆曳紈繡，珥金翠。絲竹盡當時之選，庖膳窮水陸之珍。與貴戚王愷、羊琇之徒，以奢靡相尚。愷以粘澳釜，崇以蠟代薪。愷作紫絲布步障四十里，崇作錦步障五十里以敵之。崇塗屋以椒，愷用赤石脂。崇、愷爭豪如此。武帝每助愷，嘗以珊瑚樹賜之，高二尺許，枝柯扶疏，世所罕比。愷以示崇，崇便以鐵如意擊之，應手而碎。愷既惋惜，又以爲嫉己之寶，聲色方厲。崇曰：「不足多恨，今還卿。」乃命左右悉取珊瑚樹，有高三尺者六七株，條榦絕俗，光彩曜目，如愷比者甚衆，愷怳然自失矣。……崇有妓曰綠珠，美而豔，善吹笛。孫秀使人求之。……崇勃然曰：綠珠吾所愛，不可得也。……秀遂詔收崇及潘岳、歐陽建等。崇正宴於樓上，介士到門。崇謂綠珠曰：「我今爲爾得罪。」綠珠泣曰：「當效死於官前。」因自投于樓下而死。崇曰：「吾不過流徙交、廣耳。」及車載詣東市，崇乃歎曰：「奴輩利吾家財。」收者答曰：「知財致害，何不早散之？」崇不能答。崇母兄妻子無少長皆被害，死者十五人。崇時年五十二。⑧

石崇以驕奢，慘遭殺害，累及家人，何其悲哉！可爲殷鑑也。

功成不居，棄富貴如敝屣，深明道家之旨，而得善終者，唯陶朱公耳。《史記・貨殖列傳》：

范蠡既雪會稽之恥，乃喟然而嘆曰：「計然之策七，越用其五而得意。既已施於國，吾欲用之家。」乃乘扁舟浮於江湖，變名易姓，適齊爲鴟夷子皮，之陶爲朱公。朱公以爲陶天下之中，諸侯四通，貨物所交易也。乃治產積居，與時逐而不責於人。故善治生者，能擇人而任時。十九年之中三致千金，再分散與貧交疏昆弟。此所謂富好行其德者也。後年衰老而聽子孫，子孫脩業而息之，遂至巨萬。故言富者皆稱陶朱公。⑨

范蠡富而好德，石崇富而驕奢，一得善終，一遭橫禍，令人不勝唏噓者也。

【附注】

① 郭慶藩《莊子集釋》卷八中，〈徐無鬼〉第二十四，頁八六三。

② 同上，卷十上，〈列禦寇〉第三十二，頁一〇五六。

③ 葉程義《莊子寓言研究》，(189)〈正考父三命而俯〉，頁二八九。

④ 同注①，卷九上，〈外物〉第二十六，頁九二七—九二八。

⑤ 同注③，(154)〈儒以詩禮發冢〉，頁二四九。

⑥ 同注①，卷九下，〈讓王〉第二十八，頁九七四—九七五。（屠羊說有功而不受祿，詳見本書二章。）

⑦ 同注③，(169)〈屠羊說辭萬鍾之祿〉，頁二六一。

⑧ 《晉書·石苞傳》（附子崇）第三，卷三十三，頁一〇〇七—一〇〇八。（台北市，鼎文書局，民國六十五年，新校本《晉書》。）

⑨ 《史記·貨殖列傳》第六十九，卷一百二十九，頁三二五七。

十章

載營魄抱一，能無離乎？專氣致柔，能嬰兒乎？滌除元覽，能無疵乎？愛民治國，能無知乎？天門開闔，能無雌乎？明白四達，能無為乎？生之畜之。生而不有，為而不恃，長而不宰，是謂元德。

本章主旨在闡述修身治世之道，修身須順性命之理，治世須順事物之理。其大意爲：修身之道：身心合一，形神不離，各守其道，而不乖戾乎？任自然之氣，致柔和之境，而如嬰兒之天眞乎？清洗心垢，猶如拂拭鏡塵，而心如明鏡無齷齪瑕疵乎？治國之道：愛護人民，治理國家，而能自然無爲乎？運用心靈，以及耳目口鼻等感官，開闔動靜之間，而能致虛守靜乎？明四目，達四聰，廣開視聽，察納衆言，而不被蒙蔽乎？生長萬物，化育萬民。生長而不據爲己有，化育而不自恃己能，長養而不視己爲主宰，此即自然無爲之道也。

專氣致柔，能如嬰兒者，蓋嬰兒純樸，保其天眞，中外聖哲，心理皆同。《孟子・離婁》云：「大人者不失其赤子之心者也。」①耶穌亦云：「爾等若不恢復嬰兒之態度，斷不能進天國。」②又云：「在天國裡，正是如孩童之人。」③《莊子・庚桑楚》云：

南榮趎贏糧，七日七夜至老子之所。老子曰：「子自楚之所來乎？」南榮趎曰：「唯。」老子曰：「子何與人偕來之衆也？」南榮趎懼然顧其後。老子曰：「子不知吾所謂乎？」南榮趎俯而慚，仰而歎曰：「今者吾忘吾答，因失吾問。」老子曰：「何謂也？」南榮趎曰：「不知乎？人謂我朱愚。知乎，反愁我軀。不仁則害人，仁則反愁我身；屎義則傷彼，義則反愁我己。我安逃此而可？此三言者，趎之所患也，願因楚而問之。」老子曰：「向吾見若眉睫之間，吾因以得汝矣，今汝又言而信之。若規規然，若喪父母，揭竿而求諸海也。汝亡人哉，惘惘乎！汝欲反汝情性而無由入，可憐哉！」南榮趎請入就舍，召其所好，去其所惡，十日自愁，復見老子。老子曰：「汝自洒濯，孰哉鬱鬱乎！然而其中津津乎猶有惡也。夫外韄者不可繁而捉，將內揵；內韄者不可繆而捉，將外揵。外內韄者，道德不能持，而況放道而行者乎！」南榮趎曰：「里人有病，里人問之，病者能言其病，然其病，病者猶未病也。若　之聞大道，譬猶飲藥以加病也，趎願聞衞生之經而已矣。」老子曰：「衞生之經，能抱一乎？能勿失乎？能無卜筮而知吉凶乎？能止乎？能已乎？能舍諸人而求諸己乎？能翛然乎？能侗然乎？能兒子乎？兒子終日嗥而嗌不嗄，和之至也；終日握而不掜，共其德也；終日視而不瞚，偏不在外也。行不知所之，居不知所爲，與物委蛇，而同其波，是衞生之經已。」南榮趎曰：「然則是至人之德已乎？」曰：「非也。是乃所謂冰解凍釋者，能乎？夫至人者，相與交食乎地而交樂乎天，不以人物利害相攖，不相與爲怪，不相與爲謀，不相與爲事，翛然而往，侗然而來，是謂衞生之經已。」曰：「然則是至乎？」曰：「未也。吾固告汝曰：『能兒子乎？』兒子動不知所爲，行不知所之，身若槁木之枝而心若死灰。若是者，禍亦不至，福亦不來。禍福無有，惡有人災也！」④

漆園借重老子與南榮趎之對話，以嬰兒爲喻，言保全本性，如保赤子然。夫養生之道，如嬰兒然，喜樂不入於心，則禍福不及於身也。如嬰兒遇地震而無懼，由高樓跌下，安然無恙，而成人則不然。蓋境由心生，苦樂一念耳。昔一囚犯，法醫謂其抽血五千西西即死，囑醫務人員行之，蒙其雙目，隨時告其所抽數量，未達其數即逝。其實滴血未抽，其故何在？哀莫大於心死也。⑤

愛民治國，能無知者。老子云：「知不知，上。不知知，病。」（七十一章）知不知，即無知，無爲而治也。劉邦用之而成不朽功業，善用衆知而成其大知，此其「大知若愚」者乎？《史記・漢高祖本紀》云：

高祖曰：夫運籌策帷帳之中，決勝於千里之外，吾不如子房。鎮國家，撫百姓，給饋饟，不絶糧道，吾不如蕭何。連百萬之軍，戰必勝，攻必取，吾不如韓信。此三者，皆人傑也，吾能用之，此吾所以取天下也。項羽有一范增而不能用，此其所以爲我擒也。⑥

《管子・小匡》云：

桓公自莒反於齊，使鮑叔爲宰。鮑叔辭曰：「臣，君之庸臣也。君有加惠於其臣，使臣不凍飢，則是君之賜也。若必治國家，則非臣之所能也，其唯管夷吾乎！臣之所不如管夷吾者五：寬惠愛民，臣不如也。治國不失秉，臣不如也。忠信可結於諸侯，臣不如也。制禮義，可法於四方，臣不如也。介胄執枹，立於軍門，使百姓皆加勇，臣不如也。夫管仲，民之父母也。將欲治其子，不可棄其父母。」……管仲曰：「升降揖讓，進退閑習，辨辭之剛柔，臣不如隰朋，請立爲大行。墾草入邑，辟土聚粟，多衆盡地之利，臣不如甯戚，請立爲大司田。平原廣牧，車不結轍，士不旋踵，鼓之，而三軍之士，視死如歸，臣不如王子城父，請立爲大司馬。決獄折中，不殺不辜，不誣無罪，臣不如賓胥無，請立爲大司理。犯君顏色，進諫必忠，不辟死亡，不橈富貴，臣不如東郭牙，請立以爲大諫之官。此五子者，夷吾一不如。然而以易夷吾，夷吾不爲也。君若欲治國彊兵，則五子者存矣。若欲霸王，夷吾在此。」桓公曰：「善。」⑦

此爲愛民治國之最佳詮釋也。

【附　注】

① 《孟子注疏・離婁下》卷八上，頁七，總頁一四四。

② 《新舊約全書・馬太福音》十八章三節，頁二十五。（香港，聖經公會印行，民國五十年，美國芝加哥國際基甸會出版。）

③ 同上。〈馬太福音〉十九章十四節，頁二十七。〈馬可福音〉十章十四節，頁六十二。〈路加福音〉十八章十六節，頁一〇九。

④ 郭慶藩《莊子集釋》卷八上，〈庚桑楚〉第二十三，頁七八〇—七九〇。

⑤ 葉程義《莊子寓言研究》，(130)〈心若死灰〉，頁二二四—二二五。

⑥《史記・漢高祖本紀》第八，卷八，頁三八一。

⑦《管子纂詁》卷八，〈小匡〉第二十，頁五—三三。（台北市，河洛圖書出版社，民國六十五年，夏學叢書。）

十一章

三十輻，共一轂，當其無，有車之用。埏埴以為器，當其無，有器之用。鑿戶牖以為室，當其無，有室之用。故有之以為利，無之以為用。

本章主旨在闡述「有」「無」之義，說明「有」「無」相輔爲用之理，而以車、器、室三者實物爲喻。其大意爲：首以車爲例：三十條輻組成車輪，以車輪轂與輻之間空虛，故輪軸能轉動，車能行駛；進而言之，以車中空虛，則能載人運物，而有車之用。次以器爲例：揉合調和黏土，以製造甕罐等器皿，以器皿中間空虛，則能容物，而有器之用。末以室言：開鑿穴中之土，以爲門窗，建造宮室，亦以室內空虛，則可居人儲物，而有室之用。職是之故，有車輛、器皿、宮室等實物之所以可供利用，端賴物體其中空虛之作用。

無之以爲用者，《莊子外物》云：

目徹爲明，耳徹爲聰，鼻徹爲顫，口徹爲甘，心徹爲知，知徹爲德。凡道不欲壅，壅則哽，哽而不止則跈，跈則衆害生。物之有知者恃息，其不殷，非天之罪。天之穿之，日夜無降，人則顧塞其竇。胞有重閬，心有天遊，室無空虛，則婦姑勃谿；心無天遊，則六鑿相攘。大林丘山之善於人也，亦神者不勝。①

漆園之言，可謂老子有無相輔爲用之詮釋。

莊子亦言無用之用，其〈外物〉云：

惠子謂莊子曰：「子言無用。」莊子曰：「知無用而始可與言用矣。天地非不廣且大也，人之所用容足耳。然則廁足而墊之致黃泉，人尚有用乎？」惠子曰：「無用。」莊子曰：「然則無用之爲用也亦明矣。」②

夫惠子僅見形而下之器，不見形而上之道；僅知其有用，而不知其無用；然天地之廣，人之所用僅容足耳，其餘豈無用哉！③

漆園以宇宙萬物功用之觀點言之，有無並存也。《莊子・秋水》云：

以功觀之：因其所有而有之，則萬物莫不有；因其所無而無之，則萬物莫不無；知東西之相反，而不可以相無，則功分定矣。④

漆園推演老子之說，言宇宙事理，皆相對並存，相輔而相成，有無、是非、善惡、美醜亦然。夫無是而不明其非，無善而不明其惡，如東西方向之相反，而不可以相無，即無東方不能定出西方，反之亦然。其他美醜之理，善惡之道，陰陽之別，男女之分，亦復如是也。⑤故莊生云：

昔者堯舜讓而帝，之噲讓而絕；湯武爭而王，白公爭而滅。由此觀之，爭讓之禮，堯桀之行，貴賤有時，未可以爲常也。梁麗可以衝城，而不可以窒穴，言殊器也；騏驥驊騮，一日而馳千里，捕鼠不如狸狌，言殊技也；鴟鵂夜撮蚤，察毫末，晝出，瞋目而不見丘山，言殊性也。⑥

漆園以時空、器物、技能、性質等因素，說明有無之用，可謂發揮淋漓盡致矣。

莊生以宋人資章甫適越爲喻，說明人地不宜而無用也。《莊子・逍遥遊》云：

宋人資章甫而適諸越，越人斷髮文身，無所用之。堯治天下之民，平海內之政，往見四子藐姑射之山，汾水之陽，窅然喪其天下焉。⑦

宋人以己之好尚度人，未能「忘己」，販售殷冠於越，而越俗脫頭赤身，殷帽雖富麗堂皇，然於其何用？以寓「徒勞無功」之意。堯治天下亦然，如宋人資章甫，往見四子，如適諸越，見其悠閑自得之狀，無拘無束之態，如越人短髮文身然。是故，政治教化雖美，於其何用？頓悟「無爲而治」之理⑧

莊子又以「不龜手藥」爲喻，其云：

惠子謂莊子曰：「魏王貽我大瓠之種，我樹之成而實五石，以盛水漿，其堅不能自舉也。剖之以爲瓢，則瓠落無所容。非不呺然大也，吾爲其無用而掊之。」莊子曰：「夫子固拙於用大矣。宋人有善爲不龜手之藥者，世世以洴澼絖爲事。客聞之，請買其方百金。聚族而謀曰：『我世世爲洴澼絖，不過數金；今一朝而鬻技百金，請與之。』客得之，以說吳王。越有難，吳王使之將，冬與越人水戰，大敗越人，裂地而封之。能不龜手，一也；或以封，或不免於洴澼絖，則所用之異也。今子有五石之瓠，何不慮以爲大樽而浮乎江湖，而憂其瓠落無所容？則夫子猶有蓬之心也夫！⑨

惠子以瓠瓢大而無用，暗譏莊子之言。莊子以不龜手藥，或因以富貴受封，或不免於貧窮洗衣，何不以大瓠爲腰舟，而浮乎江海，陰射惠子拙於用大。夫莊子崇尚自然，順乎物性，大瓠不適盛水，何不順其物性作腰舟而渡？故道家之自然主義，爲順乎自然，非聽其自然，亦即了解物性，順乎物性。如庖丁之解牛，惠子不明斯理，徒以瓠形剖析，而不察瓠性，則徒勞而無功也。夫宇宙萬物，不僅須研究其性能，而且須衡之時空因素，改變其價值觀念。如金銀珠寶，人皆視以爲珍物，一旦處於沙漠，陷身飢渴之中，則不及水之可貴也；或於饑荒之年，處身饑餓之中，則不及稻米之珍貴也，俗謂「黃金死於米下」，即其義也。

⑩

漆園又以「大而無用」爲喻，其云：

> 惠子謂莊子曰：「吾有大樹，人謂之樗。其大本擁腫而不中繩墨，其小枝卷曲而不中規矩，立之塗，匠者不顧。今子之言，大而無用，衆所同去也。」莊子曰：「子獨不見狸狌乎？卑身而伏，以候敖者；東西跳梁，不辟高下；中於機辟，死於罔罟。今夫斄牛，其大若垂天之雲。此能爲大矣，而不能執鼠。今子有大樹，患其無用，何不樹之於無何有之鄉，廣莫之野，彷彿乎無爲其側，逍遙乎寢卧其下。不夭斤斧，物無害者，無所可用，安所困苦哉！」⑪

惠子以臃腫之樗，無所取材，明譏莊子之言，大而無用。莊子亦設喻作答，言狸狌自以爲智詐便捷，終死於網罟；陰射惠子如自作聰明，亦將受害於社會險惡之陷阱。復舉斄牛雖大，而不能捕鼠。夫物性不同，如耳目然，耳聞目視，兩者不可相代。就視覺言，則目長耳短；就聽覺言，耳長目短。由此可知，就某一角度立場言，物各有所長，亦各有所短。吾人應了解物性，順乎物性，方能適應自然，悠然自得，逍遙自在。樗樹就匠者言，雖不中規矩繩墨，無所取材，而不能製作器具；若樹之於無有廣莫之鄉間，受其庇廕，徜徉其間，寢卧其下，豈不悠然自得，逍遥自在。又樗樹因無所可用，匠者不顧，不夭斤斧，得享天年；而狸牲自以爲智巧，中於機辟，死於網罟，夭折短壽，令人惋惜，足可引以爲警惕，發人深省。⑫

【附注】

① 郭慶藩《莊子集釋》卷九上，〈外物〉第二十六，頁九三九。
② 同上，頁九三六。
③ 葉程義《莊子寓言研究》，(157)〈無用之用〉，頁二五一—二五二。
④ 同注①，卷六下，〈秋水〉第十七，頁五七七—五七八。
⑤ 同注③，(74)〈河伯與海若論道〉，頁一六五。
⑥ 同注④，頁五八〇。
⑦ 同注①，卷一上，〈逍遥遊〉第一，頁三一。
⑧ 同注③，(4)〈宋人資章甫〉，頁八五。
⑨ 同注⑦，頁三六—三七。
⑩ 同注③，(5)〈不龜手藥〉，頁八六。
⑪ 同注①，卷一上，頁三九—四〇。
⑫ 同注③，(6)〈大而無用〉，頁八六—八七。

十二章

五色，令人目盲；五音，令人耳聾；五味，令人口爽；馳騁畋獵，令人心發狂；難得之貨，令人行妨。是以聖人為腹不為目，故去彼取此。

本章主旨在闡述玩物喪志，欲壑難填；聲色犬馬，有害身心；不如少私寡欲，保性全眞。其大意爲：青黃赤白黑等繽紛彩色，令人眼花撩亂；宮商角徵羽等紛雜音調，令人震耳欲聾；酸辛甘苦鹹等可口嘉餚，令人食不知味；騎馬打獵，縱情逐樂，令人心神不寧；金銀珠寶，貪得無饜，令人傷德敗行。職是之故，聖人注重品德之修養，而不講究物質之享受；屏棄聲色浮華之場所，而求取淡泊寧靜之生活。

聲色犬馬，令人行妨者，《莊子・天地》云：

夫失性有五：一曰五色亂目，使目不明；二曰五聲亂耳，使耳不聽；三曰五臭薰鼻，困惾中顙；四曰五味濁口，使口厲爽；五曰趣舍滑心，使性飛揚。此五者，皆生之害也。而楊墨乃始離跂自以爲得，非吾所謂得也。夫得者困，可以爲得乎？則鳩鴞之在於籠也，亦可以爲得矣。且夫趣舍聲色以柴其內，皮弁鷸冠搢笏紳修以約其外，內支盈於柴柵，外重纆繳，睆睆然在纆繳之中而自以爲得，則是罪人交臂歷指而虎豹在於囊檻，亦可以爲得矣。①

凡有形氣者，未能無累也。而風吹日累，必有損傷。故《莊子・徐無鬼》云：

風之過河也有損焉，日之過河也有損焉。請只風與日相與守河，而河以爲未始其攖也，恃源而往者也。故水之守土也審，影之守人也審，物之守物也審。故目之於明也殆，耳之於聽也殆，心之於殉也殆。凡能其於府也殆，殆之成也不給改。禍之長也茲萃，其反也緣功，其果也待久。而人以爲己寶，不亦悲乎！②

聖人爲腹不爲目者，《莊子·在宥》云：

廣成子南首而卧。黄帝順下風膝行而進，再拜稽首而問曰：「聞吾子達於至道，敢問，治身奈何而可以長久？」廣成子蹶然而起，曰：「善哉問乎！來！吾語女至道。至道之精，窈窈冥冥；至道之極，昏昏默默。無視無聽，抱神以靜，形將自正。必靜必清，無勞女形，無摇女精，乃可以長生。目無所見，耳無所聞，心無所知，女神將守形，形乃長生。慎女内，閉女外，多知爲敗。我爲女遂於大明之上矣，至彼至陽之原也；爲女入於窈冥之門矣，至彼至陰之原也。天地有官，陰陽有藏，慎守女身，物將自壯。我守其一，以處其和，故我修身千二百歲矣，吾形未嘗衰。」③

言至道之精，靜寂無形，目無所見，耳無所聞，可以養生。④

夫聖人殉名，小人殉利，其殉一也。《莊子·駢拇》云：

自三代以下者，天下莫不以物易其性矣。小人則以身殉利，士則以身殉名，大夫則以身殉家，聖人則以身殉天下。故此數子者，事業不同，名聲異號，其於傷性以身爲殉，一也。臧與穀二人相與牧羊，而俱亡其羊。問臧奚事，則挾筴讀書；問穀奚事，則博塞以遊。二人者，事業不同，其於亡羊均也。伯夷死名於首陽之下，盜跖死利於東陵之上，二人者，所死不同，其於殘生傷性均也，奚必伯夷之是而盜跖之非乎！⑤

以臧穀亡羊爲喻，寓殘生損性之義。言伯夷盜跖爲名利而亡身，臧穀爲讀書博塞而亡羊，其理一也。推而廣之，小人殉利，士人殉名，大夫殉家，聖人殉天下，其理一也。夫世俗之人，爭名逐利，終以名利亡身，與臧穀亡羊何異？⑥

唐玄宗色迷目盲，〈長恨歌傳〉云：

> 開元中，泰階平，四海無事；明皇在位歲久，倦於旰食宵衣，政無小大，始委於右丞相。深居遊宴，以聲色自娛。先是元獻皇后，武淑妃，皆有寵，相次即世；宮中雖良家子千數，無可悅目者，上心忽忽不樂。時每歲十月，駕幸華清宮，內外命婦，熠熠景從，浴日餘波，賜水湯沐，春風靈液，澹盪其間。上心油然，若有顧遇，左右前後，粉色如土。⑦

三千佳麗，粉色如土，豈非目盲乎？

商紂聲迷耳聾，《史記・殷本紀》云：

> 帝紂使師涓作新淫聲，北里之舞，靡靡之樂。厚賦稅以實鹿臺之錢，而盈鉅橋之粟。益收狗馬奇物，充仞宮室。益廣沙丘苑臺，多取野獸蜚鳥置其中。慢於鬼神。大冣樂戲於沙丘，以酒爲池，縣肉爲林，使男女倮相逐其間，爲長夜之飲。⑧

靡靡之音，不足稱心快意，復爲酒池肉林，男女裸奔，豈非耳聾乎？

何曾口爽，《晉書何曾傳》：

曾性奢豪，務在華侈。帷帳車服，窮極綺麗，廚膳滋味，過於王者。每燕見，不食太官所設，帝輒命取其食。蒸餅上不坼作十字不食，食日萬錢，猶曰無下箸處。⑨

山珍海味，滿漢全席，嘉餚滿目，而謂無下箸處，豈非口爽乎？

夏王太康田獵發狂，《尚書・五子之歌》：

太康尸位以逸豫，滅厥德，黎民咸二，乃盤遊無度，畋于有洛之表，十旬弗反。⑩

太康盤于遊田，不恤民事，爲羿所逐，不得返國，豈非心狂乎？

虞公貴玉出奔，《左傳・桓公十年》

初，虞叔有玉，虞公求旃，弗獻。既而悔之曰：「周諺有之：『匹夫無罪，懷璧其罪。』吾焉用此，其以賈害也。」乃獻。又求其寶劍，叔曰：「是無厭也，無厭將及我。」遂伐虞公。故虞公出奔共池。⑪

虞公求取玉劍，遭伐出奔，豈非德敗行喪者乎？

【附　注】

①　郭慶藩《莊子集釋》卷五上，〈天地〉第十二，頁四五三。

② 同上，卷八中，〈徐無鬼〉第二十四，頁八六九—八七〇。

③ 同上，卷四下，〈在宥〉第十一，頁三八一。

④ 葉程義《莊子寓言研究》，(49)〈廣成子論修道永生〉，頁一三四。

⑤ 同注①，卷四上，〈駢拇〉第八，頁三二三。

⑥ 同注④，(45)〈臧穀亡羊〉，頁一二九。

⑦ 《長恨歌傳》，小說名，唐陳鴻撰。歷敘貴妃得寵之事，致祿山引兵向闕，國忠、貴妃先後死，玄宗終始不悟，猶有方士求仙之舉。末云意者不但感其事，亦欲懲尤物，窒亂階，垂於將來也。白居易據之作〈長恨歌〉。

⑧ 《史記・殷本紀》第三，卷三，頁一〇五。

⑨ 《晉書・何曾傳》第三，卷三十三，頁九九八。

⑩ 《尚書正義・五子之歌》第三，卷七，頁四，總頁九九。

⑪ 《春秋左傳注疏・桓公十年》，卷七，頁七，總頁一二一。

十三章

寵辱若驚，貴大患若身。何謂寵辱若驚？寵為上，辱為下，①得之若驚，失之若驚，是謂寵辱若驚。何謂貴大患若身？吾所以有大患者，為吾有身，及吾無身，吾有何患？故貴以身為天下，若可寄天下；愛以身為天下，若可託天下。

本章主旨在闡述淡泊名利，忘我無私，世之爵祿不足以爲勸，世之戮恥不足以爲辱。其大意爲：世人患得患失，獲得榮寵，則感驚喜；遇到恥辱，則感驚恐。並恐懼更大災禍及身。爲何榮寵與羞辱皆感驚恐？蓋世人以榮譽爲上，以辱恥爲下，得富貴榮寵則驚喜，遇貧賤恥辱則驚恐，故曰「寵辱若驚」。爲何畏懼大禍而感驚恐哉？蓋人之所以有大患之故，因爲吾之有我，假若無我，又有何患哉？是故，若能以貴己之心態去爲天下，則可以天下託付；若能以愛身之態度去爲天下，則可以天下託付之矣！

寵辱若寄，不可患得患失。《莊子・繕性》云：

道固不小行，德固不小識。小識傷德，小行傷道。故曰：正己而已矣，樂全之謂得志。古之所謂得志者，非軒冕之謂也，謂其無以益其樂而已矣。今之所謂得志者，軒冕之謂也。軒冕在身，非性命也，物之儻來，寄者也。寄之，其來不可圉，其去不可止。故不爲軒冕肆志，不爲窮約趨俗，其樂彼與此同，故無憂而已矣。今寄去則不樂，由是觀之，雖樂，未嘗不荒也。故曰：喪己於物，失性於俗者，謂之倒置之民。②

無身無我者，《莊子・知北遊》云：

舜問乎丞曰：「道可得而有乎？」曰：「汝身非汝有也，汝何得有夫道？」舜曰：「吾身非吾有也，孰有之哉？」曰：「是天地之委形也；生非汝有，是天地之委和也；性命非汝有，是天地之委順也；孫子非汝有，是天地之委蛻也。故行不知所往，處不知所持，食不知所味。天地之強陽氣也，又胡可得而有邪！」③

夫吾人之身體，佛家所謂臭皮囊是也，終必棄之。身既不可保有，而金銀珠寶、洋房汽車、嬌妻美妾、父母子女，焉得保有？而生命短暫，百歲幾何？何必勞吾形骸，碌碌於名利之途？④

忘我者，《莊子・大宗師》云：

子貢曰：「然則夫子何方之依？」孔子曰：「丘，天之戮民也。雖然，吾與汝共之。」子貢曰：「敢問其方？」孔子曰：「魚相造乎水，人相造乎道。相造乎水者，穿池而養給；相造乎道者，無事而生定。故曰：魚相忘乎江湖，人相忘乎道術。」……顏回曰：「回益矣。」仲尼曰：「何謂也？」曰：「回忘仁義矣。」曰：「可矣，猶未也。」它日，復見，曰：「回益矣。」曰：「何謂也？」曰：「回忘禮樂矣。」曰：「可矣，猶未也。」它日，復見，曰：「回益矣。」曰：「何謂也？」曰：「回坐忘矣。」仲尼蹴然曰：「何謂坐忘？」顏回曰：「墮肢體，黜聰明，離形去知，同於大通，此謂坐忘。」仲尼曰：「同則無好也，化則無常也。而果其賢乎！丘也請從而後也。」

借孔聖與顏淵之對話，說明坐忘之義。坐忘與心齋雷同，亦即忘我之意。夫人之患，患在有我，人若無我，離形去智，則無禍福利害是非苦樂之可言矣。莊子重言，完全任意設施，取便己意。莊子筆下之孔子，任意塑造，不必其道行賢於弟子，明乎此，顏回向夫子說坐忘之道，不足怪也。⑥⑤

夫至人無己，《莊子・逍遙遊》云：

斥鴳笑之曰：「彼且奚適也？我騰躍而上，不過數仞而下，翱翔蓬蒿之間，此亦飛之至也。而彼且奚適也？」此小大之辯也。故夫知效一官，行比一鄉，德合一君，而徵一國者，其自視也亦若此矣。而宋榮子猶然笑之。且舉世而譽之而不加勸，舉世而非之而不加沮，定乎內外之分，辯乎榮辱之境，斯已矣。彼其於世未數數然也。雖然，猶有未樹也。夫列子御風而行，泠然善也，旬有五日而後反。彼於致福者，未數數然也。此雖免乎行，猶有所待者。若夫乘天地之正，而御六氣之辯，以遊無窮者，彼且惡乎待哉！故曰：至人無己，神人無功，聖人無名。⑦

夫大人無己，《莊子・在宥》云：

大人之教，若形之於影，聲之於響。有問而應之，盡其所懷，爲天下配。處乎無響，行乎無方，挈汝適復之撓撓，以遊無端；出入無旁，與日無始；頌論形軀，合乎大同，大同而無己。無己，惡乎得有有！睹有者，昔之君子；睹無者，天地之友。⑧

夫寄託天下者，《莊子・大宗師》云：

夫藏舟於壑，藏山於澤，謂之固矣。然而夜半有力者負之而走，昧者不知也。藏小大有宜，猶有所遯。若夫藏天下於天下而不得所遯，是恆物之大情也。特犯人之形而猶喜之。若人之形者，萬化而未始有極也，其爲樂可勝計邪！故聖人將遊於物之所不得遯而皆存。善妖善老，善始善終，人猶效之，又況萬物之所係，而一化之所待乎！⑨

夫貴愛以身爲天下，若可寄託天下。唯吾人貴己愛身，重於愛天下，故明詩僧梢堂禪師云：「天下由來輕兩臂，世間何苦重連城。」

《莊子・讓王》云：

韓魏相與爭侵地。子華子見昭僖侯，昭僖侯有憂色。子華子曰：「今使天下書銘於君之前，書之言曰：『左手攫之則右手廢，右手攫之則左手廢，然則攫之者必有天下。』君能攫之乎？」昭僖侯曰：「寡人不攫也。」子華子曰：「甚善！自是觀之，兩臂重於天下也，身亦重於兩臂。韓之輕於天下亦遠矣，今之所爭者，其輕於韓又遠。君固愁身傷生以憂戚不得也！」僖侯曰：「善哉！教寡人者衆矣，未嘗得聞此言也。」子華子可謂知輕重矣。⑩

借子華子與昭僖侯對話，以韓魏爭相侵地，殘殺生命，舉兩臂重於天下爲喻，說明重生之義。人若賺得全世界，而賠上生命，又有何義矣？夫身重於兩臂，兩臂重於天下，爲取天下而傷身，何其愚也！⑪

老子所謂「寵辱得失若驚」者，如廉頗得失而客來去。《史記・廉頗列傳》：

廉頗之免長平歸也，失勢之時，故客盡去。及復用爲將，客又復至。廉頗曰：「客退矣！」客曰：「吁！君何見之晚也？夫天下以市道交，君有勢，我則從君，君無勢則去，此固其理也，有何怨乎？」⑫

蘇秦之嫂前倨後恭，《史記・蘇秦列傳》云：

蘇秦者，東周雒陽人也。東事師於齊，而習之於鬼谷先生。出遊數歲，大困而歸。兄弟嫂妹妻妾皆笑之，曰：「周人之俗，治產業，力工商，逐什二以爲務。今子釋本而事口舌，困，不亦宜乎！」蘇秦聞之而慚，自傷，乃閉室不出，出其書徧觀之。……蘇秦爲從約長，並相六國。北報趙王，乃行過雒陽，車騎輜重，諸侯各發使送之甚衆，疑於王者。周顯王聞之恐懼，除道，使人郊勞。蘇秦之昆弟妻嫂側目不敢仰視，俯伏侍取食。蘇秦笑謂其嫂曰：「何前倨後恭也？」嫂委蛇蒲服，以面掩地而謝曰：「見季子位高金多也。」蘇秦喟然歎曰：「此一人之身，富貴則親戚畏懼之，貧賤則輕易之，況衆人乎！且使我有雒陽負郭田二頃，吾豈能佩六國相印乎？」⑬

韓信受胯下之辱，報漂母之恩，《史記・淮陰侯列傳》：

淮陰侯韓信者，淮陰人也。始爲布衣時，貧無行，不得推擇爲吏，又不能治生商賈，常從人寄食飲，人多厭之者。常數從其下鄉南昌亭長寄食，數月，亭長妻患之，乃晨炊蓐食。食時信往，不爲具食。信亦知其意，怒，竟絶去。信釣於城下，諸母漂，有一母見信飢，飯信，竟漂數十日。信喜，謂漂母曰：「吾必有以重報母。」母怒曰：「大丈夫不能自食，吾哀王孫而進食，豈望報乎！」淮陰屠中少年有侮信者，曰：「若雖長大，好帶刀劍，中情怯耳。」衆辱之曰：「信能死，刺我；不能死，出我胯下。於是信孰視之，俛出袴下，蒲伏。一市人皆笑信，以爲怯。……漢王之困固陵，用張良計，召齊王信，遂將兵會垓下。項羽已破，高祖襲奪齊王軍。漢五年正月，徙齊王信爲楚王，都下邳。信至國，召所從食漂母，賜千金。及下鄉南昌亭長，賜百錢，曰：「公，小人也，爲德不卒。」召辱己之少年令出胯下者以爲楚中尉。告諸將相曰：「此壯士也。方辱我時，我寧不能殺之耶？殺之無名，故忍而就於此。」⑭

由上所述，可知得失寵辱若驚之例證矣！

【附 注】

① 俞樾（曲園）曰：《河上公本》作「何謂寵辱？辱爲下。」注曰：「辱爲下賤。」疑兩本均有奪誤。當云：「何謂寵辱若驚？寵爲上，辱爲下。」河上公作注時，上句未奪，亦必有注，當與「辱爲下賤」對文成義。傳寫者失上句，遂並注失之。陳景元、李道純本，均作「何謂寵辱若驚？寵爲上，辱爲下。」可據以訂諸本之誤。按：俞說是也。今據以訂正。

② 郭慶藩《莊子集釋》卷六上，〈繕性〉第十六，頁五五六—五五八。

③ 同上，卷七下，〈知北遊〉第二十二，頁七三九。

④ 葉程義《莊子寓言研究》，⑿〈舜問丞於道〉，頁二一一二。

⑤ 同注②，卷三上，〈大宗師〉第六，頁二七一—二八五。

⑥ 同注④，(37)〈顏回忘我〉，頁一二二。
⑦ 同注②，卷一上，〈逍遙遊〉第一，頁一四—一七。
⑧ 同注②，卷四下，〈在宥〉第十一，頁三九五。
⑨ 同注②，卷三上，〈大宗師〉第六，頁二四三—二四四。
⑩ 同注②，卷九下，〈讓王〉第二十八，頁九六九—九七〇。
⑪ 同注④，(166)〈子華子論輕重〉，頁二五八。
⑫《史記·廉頗藺相如列傳》第二十一，卷八十一，頁二四四八。
⑬ 同上，〈蘇秦列傳〉第九，卷六十九，頁二二四一—二二六二。
⑭ 同上，〈淮陰侯列傳〉第三十二，頁二六〇九—二六二六。

十四章

視之不見名曰夷，聽之不聞名曰希，搏之不得名曰微。①此三者不可致詰，故混而為一。其上不皦，其下不昧，繩繩不可名，復歸於無物。是謂無狀之狀，無物之象，是謂惚恍。迎之不見其首，隨之不見其後。執古之道，以御今之有。能知古始，是謂道紀。

本章旨在說明太初之道，其雖無形，非視聽觸摸可得，但其超越時空而存在，永恆而不變，充滿宇宙之間，故可推古御今，由遠推近，悟而得之，以簡御繁也。其大意爲：視而不見者，稱之謂「夷」；聽而不聞者，稱之謂「希」；摸而不得者，稱之謂「微」。此夷希微三者，非視聽觸摸可得，故其形狀無法追根究源，而爲渾沌一體。夫道無所不在，故無所謂上下高低，雖居高處而不顯明；在低處而不晦暗，綿綿不絕，如川長流，創造萬物，生生不息，此中眞意，難以捉摸，不可名狀，又回歸於無形無象之狀態。此言無形狀之形狀，無物象之物象。此言若有若無之恍惚狀態。探源而不見其根，索流而不見其委，惟有依據已往經驗，駕馭目前之萬事萬物。能了解亙古不變之常道，是謂得道之要領，執簡而御繁矣。

道非視聽觸摸可得，《莊子．知北遊》云：

無始曰：「道不可聞，聞而非也；道不可見，見而非也；道不可言，言而非也，知形形之不形乎！道不當名。」無始曰：「有問道而應之者，不知道也。雖問道者，亦未聞道。道無問，問無應。無問問之，是問窮也；無應應之，是無內也。以無內待問窮，若是者，外不觀乎宇宙，內不知乎太初，是以不過乎崑崙，不游乎太虛。」光曜問乎無有曰：「夫子有乎？其無有乎？」光曜不得問。而孰視其狀貌，窅然空然，終日視之而不見，聽之而不聞，搏之而不得也。光曜曰：「至矣！其孰能至此乎！予能有無矣，而未能無無也；及爲無有矣，何從此哉！」②

道之根門，莫可見也。《莊子・則陽》云：

萬物有乎生而莫見其根，有乎出而莫見其門。人皆尊其知之所知，而莫知恃其知之所不知而後知，可謂大疑乎！已乎已乎！且無所逃。此則所謂然與，然乎？③

夫道不可聞，聽之無聲；道不可見，視之無形；道不可言，如人飲水，冷暖自知；道不當名，名可名，非常名也。夫道無形，故搏而不得，耳目之所不能見聞也。④

道心無形而超越時空，《莊子・秋水》云：

夔憐蚿，蚿憐蛇，蛇憐風，風憐目，目憐心。夔謂蚿曰：「吾以一足跉踔而行，予無如矣。今子之使萬足，獨奈何？」蚿曰：「不然。子不見夫唾者乎？噴則大者如珠，小者如霧，雜而下者不可勝數也。今予動吾天機，而不知其所以然。」蚿謂蛇曰：「吾以衆足行，而不及子之無足，何也？」蛇曰：「夫天機之所動，何可易邪？吾安用是矣！」蛇謂風曰：「予動吾脊脅而行，則有似也。今子蓬蓬然起於北海，蓬蓬然入於南海，而似無有，何也？」風曰：「然。予蓬蓬然起於北海而入於南海也，然而指我則勝我，䲡我亦勝我。雖然，夫折大木，蜚大屋者，唯我能也，故以衆小不勝爲大勝也。爲大勝者，唯聖人能之。」⑤

此以夔蚿蛇風之對話，喻無形勝有形之理。⑥

執古之道，以御今之有。能知古始，是謂道紀。此以歷史經驗法則，用心體會宇宙事理，方不致受耳目所蒙蔽。故子思云：「君子以心導耳目，小人以耳目導心。」晚唐古靈神贊禪師悟道以後，一日，見其受業本師於窗下閱經，適有一蜂飛投窗紙而不得出。古靈即機云：「世界如許廣闊，不肯出。鑽他故紙驢年去。」遂說偈曰：「空門不肯出，投窗也大痴。百年鑽故紙，何日出頭時。」其師由此啟發而終於大徹大悟。後人於此禪宗學案而書一偈云：「蠅愛尋光紙上鑽，不能透過幾多難。忽然撞著來時路，始信平生被眼瞞。」此與《莊子・天道篇》，輪扁評桓公所讀書，古人之糟粕，以斲輪爲喻，論道之不可言傳，其旨一也。蓋口舌之代心，尚不能說明，何況文字之代口舌者也，又何能表達哉！

【附　注】

① 易順鼎曰：「搏」乃「摶」字之誤，「摶」即《淮南・俶眞》「摶垸剛柔」之「摶」。《一切經音義》引《通俗文》「手團曰摶」，是也。《易・乾鑿度》云：「視之不見，聽之不聞，循之不得，故曰易也。」《列子・天瑞篇》亦同。「摶之不得」，即「循之不可」。「摶」，「循」古音相近。……《釋

文》：「搏，音博。簡文，補各反。」蓋其誤已久矣。四十七章王注，引此正作「搏之不可得」，尤爲可證。程義按：帛書老子本「搏」作「捪」，《說文》云：「捪，撫也，摹也。」「搏」有以手團摸之意，與撫摹義通，「搏」爲打擊之意，則不合矣。今參考帛書，據鼎說訂正。（許抗生《帛書老子注譯與研究》，頁九二—九三。浙江人民出版社，一九八二年再版增訂本。）

② 郭慶藩《莊子集釋》卷七下，〈知北遊〉第二十二，頁七五七—七六〇。

③ 同上，卷八下，〈則陽〉第二十五，頁九〇五。

④ 葉程義《莊子寓言研究》，(124)〈泰清問道〉，(125)〈有無之道〉，頁二一七。

⑤ 同注②，卷六下，〈秋水〉第十七，頁五九一—五九四。

⑥ 同注④，(75)〈夔蚿蛇風相憐〉，頁一六六。

十五章

古之善為道者，①微妙元通，深不可識。夫唯不可識，故強為之容。豫焉若冬涉川，猶兮若畏四鄰，儼兮其若客，②渙兮若冰之將釋，敦兮其若樸，曠兮其若谷，混兮其若濁。孰能濁以靜之徐清，孰能安以久動之徐生。保此道者不欲盈。夫唯不盈，是以能蔽而不成。③

本章旨在圖繪有道之士，深不可測之風度。其大意爲：古時有道之士，理趣精細，守常達變，幽遠莫測，貫徹衆理，深藏不露，莫測高深也。因深不可測，唯有勉強形容其態：小心謹愼之狀，若冬日渡河；戒愼恐懼之態，若防四鄰之窺伺；端莊嚴肅，若賓客之拘謹；和穆可親，若春冰之融解；敦厚淳樸，若未琢之璞玉；胸襟開闊，虛懷若谷；隨俗浮沉，混然若濁；誰能止濁揚清？唯有以靜制動而俟其清。誰能長持久安？唯有因時而動，使生機蓬勃。守持此道之士，謙沖而不自滿，因其虛心，觀理，練達世情，故能推陳出新，日新又新。

有道之士，若眞人然。《莊子・大宗師》云：

古之真人，不逆寡，不雄成，不謨士。若然者，過而弗悔，當而不自得也。若然者，登高不慄，入水不濡，入火不熱。是知之能登假於道者也若此。古之真人，其寢不夢，其覺無憂，其食不甘，其息深深。真人之息以踵，衆人之息以喉。屈服者，其嗌言若哇。其耆欲深者，其天機淺。古之真人，不知說生，不知惡死；其出不訢，其入不距；翛然而往，翛然而來而已矣。不忘其所始，不求其所終；受而喜之，忘而復之，是之謂不以心捐道，不以人助天。是之謂真人。若然者，其心志，其容寂，其顙頯，淒然似秋，煖然似春，喜怒通四時，與物有宜而莫知其極。……古之真人，其狀義而不朋，若不足而不承；與乎其觚而不堅也，張乎其虛而不華也；邴邴乎其似喜乎！崔乎其不得已乎！滀乎進我色也，與乎止我德也；厲乎其似世乎！謷乎其未可制也；連乎其似好閉也，悗乎忘其言也。以刑爲體，以禮爲翼，以知爲時，以德爲循，以刑爲體者，綽乎其殺也；以禮爲翼者，所以行於世也；以知爲時者，不得已於事也；以德爲循者，言其與有足者至於丘也；而人真以爲勤行者也。故其好之也一，其弗好之也一。其一也一，其不一也一。其一與天爲徒，其不一與人爲徒。天與人不相勝也，是之謂真人。④

善爲道者，微妙玄通，深不可識。《宋史・呂端傳》：

時趙普在中書，嘗曰：「吾觀呂公奏事，得嘉賞未嘗喜，遇抑挫未嘗懼，亦不形于言，真台輔之器也。」……時呂蒙正爲相，太宗欲相端，或曰：「端爲人糊塗。」太宗曰：「端小事糊塗，大事不糊塗。」決意相之。會曲宴後苑，太宗作釣魚詩，有云：「欲餌金鉤深未達，磻溪須問釣魚人。」意以屬端。後數日，罷蒙而相端焉。……初，李繼遷擾西鄙，保安軍奏獲其母。至是，太宗欲誅之，以寇準居樞密副使，獨召與謀。準退，端疑謀大事，邀謂準曰：「上戒君勿言於端乎？」準曰：「否。」端曰：「邊鄙常事，端不必與知，若軍國大計，端備位宰相，不可不知也。」準遂告其故，端曰：「何以處之？」準曰：「欲斬於保安軍北門外，以戒凶逆。」端曰：「必若此，非計之得也，願少緩之，端將覆奏。」入曰：「昔項羽得太公，欲烹之，高祖曰：『願分我一杯羹。』夫舉大事不顧其親，況繼遷悖逆之人乎？陛下今日殺之，明日繼遷可擒乎？若其不然，徒結怨讎，愈堅其叛心爾。」太宗曰：「然則何如？」端曰：「以臣之愚，宜置於延州，使善養視之，以招來繼遷，雖不能即降，終可以繫其心，而母死生之命在我矣。」太宗撫髀稱善曰：「微卿，幾誤我事。」即用其策。其母後病死延州，繼遷尋亦死，繼遷子亮納款請命，端之力也。進門下侍郎兼兵部尚書。太宗不豫，真宗爲皇太子，端日與太子問起居。及疾大漸，內侍王繼恩忌太子英明，陰與參知政事李昌齡、殿前都指揮使李繼勳、知制誥胡旦謀立故楚王元佐。太宗崩，李皇后命繼恩召端，端知有變，鎖繼恩於閣內，使人守之而入。皇后曰：「宮車已晏駕，立嗣以長，順也，今將如何？」端曰：「先帝立太子正爲今日，今始棄天下，豈可遽違命有異議邪？」乃奉太子至福寧庭中。真宗既立，垂簾引見群臣，端平立殿下不拜，請卷簾，升殿審視，然後降階，率群臣拜呼萬歲。」⑤太宗以「端小事糊塗，大事不糊塗。」命之爲相，可謂知人善任。呂端不辱使命，而報知遇，可謂大知若愚矣。

【附　注】

① 許抗生《帛書老子注譯與研究》，頁九五，「士」，帛書本作「道」，今據改。
② 同上，「容」，帛書本作「客」，今據改。
③ 同上，「故能蔽不新成」，帛書本作「是以能蔽而不成」，今據改。
④ 郭慶藩《莊子集釋」卷三上，〈大宗師〉第六，頁二二六—二三五。
⑤ 《宋史・呂端傳〉第四十，卷二八一，頁九五一四—九五一六。（台北市，鼎文書局，民國六十七年，新校本。）

十六章

致虛極，守靜篤。萬物並作，吾以觀復。夫物芸芸，各復歸其根。歸根曰靜，是謂復命。復命曰常，知常曰明。不知常，妄作凶。知常容，容乃公。公乃全，全乃天，①天乃道，道乃久。沒身不殆。

本章主旨闡述知常道，致虛守靜之理，周而復始，反復循環，靜心悟道，明察萬物，以達天人合一之境。其大意爲：儘量使心境空無雜念以體道，保持安寧清靜以觀物。萬物欣欣向榮而生長，余以虛靜之心觀察萬物反復循環之道。萬物變化紛紜，生生不息，其終必歸返於原始之道，於是形象寂滅，趨向於無形之道，故謂之寧靜。生命受自道，結果仍歸於道，故謂之復命。生動死靜，反復循環，此乃自然之常道。知此常道，順乎自然，故謂之明智。反之，不明天道往復之理，違天理以圖苟生，縱私欲大膽妄爲，終致罪無可逭之禍。能知自然之常道，則有廣大包容之量。有廣大包容之量，則能廓然大公。大公無私，則無不周全。周全普遍，則合乎自然。合乎自然，則合乎大道。道可應萬變而不窮，歷萬古而常新，循天之理，遵道而行，不以物害己，終身可免危殆也。

致虛極者，用心若鏡。《莊子應帝王》：

無爲名尸，無爲謀府；無爲事任，無爲知主。體盡無窮，而遊無朕；盡其所受乎天，而無見得，亦虛而已。至人之用心若鏡，不將不迎，應而不藏，故能勝物而不傷。②

守靜篤者，不過問焉。《莊子・外物》：

靜然可以補病，眥𡟰可以休老，寧可以止遽。雖然，若是，勞者之務也，非佚者之所未嘗過而問焉。聖人之所以駴天下，神人未嘗過而問焉；賢人之所以駴世，聖人未嘗過而問焉；君子所以駴國，賢人未嘗過而問焉；小人所以合時，君子未嘗過而問焉。③

守靜篤者，如靈貓捕鼠，雞之孵卵。禪宗黃龍南禪師云：

如靈貓捕鼠，目睛不瞬，四足據地，諸根順向，首尾直立，擬無不中。猶如雞之孵卵，閉目養神，專注於雞卵之孵化，而超然物外也。

黃龍南禪師之喻，可謂切中肯綮矣！

夫物芸芸，各復歸其根者，徒處無爲，而物自化也。《莊子在宥》：

雲將東遊，過扶搖之枝而適遭鴻蒙。鴻蒙方將拊髀雀躍而遊。雲將見之，倘然止，贄然立，曰：「叟何人邪？叟何爲此？」鴻蒙拊髀雀躍不輟，對雲將曰：「遊！」雲將曰：「朕願有問也。」鴻蒙仰而視雲將曰：「吁！」雲將曰：「天氣不和，地氣鬱結，六氣不調，四時不節。今我願合六氣之精，以育群生，爲之奈何？」鴻蒙拊髀雀躍掉頭曰：「吾弗知！吾弗知！」雲將不得問。又三年，東遊，過有宋之野而適遭鴻蒙。雲將大喜，行趨而進曰：「天忘朕矣？天忘朕矣？」再拜稽首，願聞於鴻蒙。鴻蒙曰：「浮遊，不知所求；猖狂，不知所往；遊者鞅掌，以觀無妄。朕又何知！」雲將曰：「朕也自以爲猖狂，而民隨予所往；朕也不得已於民，今則民之放也。願聞一言。」鴻蒙曰：「亂天之經，逆物之情，玄天弗成；解獸之群，而鳥皆夜鳴；災及草木，禍及止蟲。意，治人之過也！」雲將曰：「然則吾奈何？」鴻蒙曰：「意！毒哉！僊僊乎歸矣。」雲將曰：「吾遇天難，願聞一言。」鴻蒙曰：「意！心養。汝徒處無爲，而物自化。墮爾形體，吐爾聰明，倫與物忘；大同乎涬溟，解心釋神，莫然無魂。萬物云云，各復其根，各復其根而不知；渾渾沌沌，終身不離；若彼知之，乃是離之。無問其名，無窺其情，物故自生。」雲將曰：「天降朕以德，示朕以默；躬身求之，乃今也得。」再拜稽首，起辭而行。④

夫道家崇尚無爲，順乎自然；故凡人爲之治，謂亂天之經，逆物之情，玄天弗成；解獸之群，而鳥皆夜鳴；災及草木，禍及止蟲。惟有養心，物固自化。⑤

歸根曰靜，是謂復命者，是謂玄德大順也。《莊子・天地》：

泰初有無，無有無名；一之所起，有一而未形。物得以生，謂之德；未形者有分，且然無間，謂之命；留動而生物，物成生理，謂之形；形體保神，各有儀則，謂之性。性修反德，德至同於初。同乃虛，虛乃大。合喙鳴；喙鳴合，與天地爲合。其合緡緡，若愚若昏，是謂玄德，同乎大順。⑥

虛空寧靜，爲佛道修身之極境。道家之虛靜，猶佛家之禪定。《六祖大師法寶壇經・行由第一》云：

神秀自執燈書偈於南廊壁間，是心所見。偈曰：「身是菩提樹，心如明鏡臺。時時勤拂拭，勿使惹塵埃。」……祖三更喚秀入堂問曰：「偈是汝作否？」秀言：「實是秀作，不敢望求祖位，望和尚慈悲，看弟子有少智慧否？」祖曰：「汝作此偈，未見本性，只到門外，未入門內。」……惠能偈曰：「菩提本無樹，明鏡亦非臺。本來無一物，何處惹塵埃。」書此偈已，徒衆總驚，無不嗟訝，各相謂言，奇哉！不得以貌取人，何得多時，使他肉身菩薩。祖見衆人驚怪，恐人損害，遂將鞋擦了偈曰：「亦未見性。衆以爲然。次日，祖潛至碓坊，見能腰石舂米。語曰：「求道之人，爲法忘軀，當如是乎？」乃問曰：「米熟也未？」惠能曰：「米熟久矣，猶欠篩在。」祖以杖擊碓三下而去。惠能即會祖意，三鼓入室，祖以袈裟遮圍，不令人見，爲說金剛經。至應無所住，而生其心，惠能言下大悟。一切萬法，不離自性。遂啟祖言：「何期自性，本自清淨；何期自性，本不生滅；何期自性，本自具足；何期自性，本無動搖；何期自性，能生萬法。」祖知悟本性，謂惠能曰：「不識本心，學法無益。若識自本心，見自本性，即名丈夫，天人師佛。」三更受法，人盡不知，便傳頓教及衣缽。云：「汝爲第六代祖，善自護念，廣度有情，流布將來，無令斷絕。」聽吾偈曰：「有情來下種，因地果還生。無情既無種，無性亦無生。」⑦

【附　注】

① 王弼本「公乃王，王乃天。」二「王」字，皆注曰「無所不周普」之意，蔣錫昌《老子校詁》謂不知所云。余培林《老子》解釋，依王注疑「王」爲「全」之闕損。程義案：余說是也。衡之字義，「全」有「無不周普」之意，符合王本，疑弼所見本作「全」，今據改。

②郭慶藩《莊子集釋》卷三下，〈應帝王〉第七，頁三〇七。

③同上，卷九上，〈外物〉第二十六，頁九四三。

④同上，卷四下，〈在宥〉第十一，頁三八五—三九二。

⑤葉程義《莊子寓言研究》，(50)〈鴻蒙論養心〉，頁一三六。

⑥同注②，卷五上，〈天地〉第十二，頁四二四。

⑦《六祖大師法寶壇經・行由》第一，頁三—四，總頁七二〇—七二一。（台北市，佛教出版社，民國六十七年，《佛教大藏經》第七十二冊。）

十七章

太上，下知有之；其次，親而譽之；其次，畏之；其次，侮之。信不足焉，有不信焉。悠兮其貴言。功成、事遂，百姓皆謂：我自然。

本章旨在闡述無爲而治，順乎自然，功德無量。其大意爲：聖君處無爲之事，行不言之教，澤及天下，人民普受恩惠，而不知有帝王權力之壓迫。其次爲賢君有爲之治，勵精圖治，惠政愛民，人民擁戴而讚頌之。其次爲暴君，嚴刑峻法，使民畏懼服從而不敢反抗。再其次爲昏君，昏庸無能，所謂親小人，遠賢臣者是也。終日沉迷於歌舞昇平之中。百姓飢餓不堪，尚曰何不食肉糜？終被推翻，而遭侮辱也。君主失信於人民，人民便不信之。聖人無爲而治，不言而信，完成功業，辦妥事情，而百姓皆不知其所以然，以爲本來自然如此也。

太上，下知有之者，如古之治道者也。《莊子・繕性》：

古之治道者，以恬養知；知生而無以知爲也，謂之以知養恬。知與恬交相養，而和理出其性。夫德，和也；道，理也。德無不容，仁也；道無不理，義也；義明而物親，忠也；中純實而反乎情，樂也；信行容體而順乎文，禮也。禮樂徧行，則天下亂矣。彼正而蒙己德，德則不冒，冒則物必失其性也。古之人，在混芒之中，與一世而得澹漠焉。當是時也，陰陽和靜，鬼神不擾，四時得節，萬物不傷，群生不夭，人雖有知，無所用之，此一謂至一。當是時也，莫之爲而常自然。逮德下衰，及燧人伏戲始爲天下，是故順而不一。德又下衰，及神農黃帝始爲天下，是故安而不順。德又下衰，及唐虞始爲天下，興治化之流，澆淳散朴，離道以善，險德以行，然後去性而從於心。心與心識知而不足以定天下，然後附之以文，益之以博。文滅質，博溺心，然後民始惑亂，無以反其性情而復其初。①

借燧人伏羲、神農黃帝、唐堯虞舜，説明道德衰落，每下愈況，離道求善，行險背德，終棄本性，順從心慾矣。②

其次親而譬之者，如堯之治天下也。《莊子・徐無鬼》：

齧缺遇許由，曰：「子將奚之？」曰：「將逃堯。」曰：「奚謂邪？」曰：「夫堯，畜畜然仁，吾恐其爲天下笑。後世其人與人相食與！夫民，不難聚也；愛之則親，利之則至，譽之則勸，致其所惡則散。愛利出乎仁義，捐仁義者寡，利仁義者衆。夫仁義之行，唯且無誠，且假乎禽貪者器。是以一人之斷制利天下，譬之猶一覕也。夫堯知賢人之利天下也，而不知其賊天下也，夫唯外乎賢者知之矣。」③

按許由主無爲而治，順應自然；唐堯主有爲而治，行乎仁義。借齧缺與許由對話，以許由避堯爲喻，言達官貴人多假仁義以取利，仁義因而成爲野心家之工具。夫仁義之道，爲聖人之所倡，後世之人，假借仁義，行其私利；不僅君主借之以達其家天下之慾，盜跖亦借之以劫奪財物，所謂盜亦有道。故莊生曾慨乎言之曰：聖人不死，大望不止也。④

其次畏之者，如禹之治天下也。《莊子・天地》：

堯治天下，伯成子高立爲諸侯。堯授舜，舜授禹，伯成子高辭爲諸侯而耕。禹往見之，則耕在野。禹趨就下風，立而問焉，曰：「昔堯治天下，吾子立爲諸侯。堯授舜，舜授予，而吾子辭爲諸侯而耕。敢問，其故何也？」子高曰：「昔堯治天下，不賞而民勸，不罰而民畏。今子賞罰而民且不仁，德自此衰，刑自此立，治世之亂，自此始矣。夫子闔行邪？無落吾事。」俋俋乎耕而不顧。⑤

借重禹與伯成子高之言，說明刑立德衰之理。本文言伯成子高爲堯諸侯，禹治天下，其辭而耕在野，禹往而問其故，子高責以行刑政。事屬子虛，子高亦爲杜撰人物。莊子藉子高之口，指桑罵槐，以譏後世行刑政之君也。⑥

悠兮其貴言，功成事遂，百姓皆謂我自然者也，如明王之治天下也。《莊子・應帝王》：

陽子居見老聃，曰：「有人於此，嚮疾強梁，物徹疏明，學道不勌，如是者，可比明王乎？」老聃曰：「是於聖人也，胥易技係，勞形怵心者也。且也虎豹之文來田，蝯狙之便摯斄之狗來藉。如是者，可比明王乎？」陽子居蹴然曰：「敢問明王之治。」老聃曰：「明王之治：功蓋天下，而似不自己，化貸萬物而民弗恃；有莫舉名，使物自喜；立乎不測，而遊於無有者也。⑦

借重古聖老聃之名，說明治理天下，立乎不測，遊於無有之理。夫治理天下，不可自居功德，自揚名聲，當無心任化，以盡其無爲而爲，爲而不爲之理。虎豹以文獵，猿猴以敏繫，庶人無罪，懷璧其罪，知能足以招禍，宇宙萬物，莫不皆然，豈可不愼乎？⑧

陶淵明所虛構與世隔絕之世外桃源，可謂老子無爲而治之理想國也。〈桃花源記〉云：

初極狹，纔通人；復行數十步，豁然開朗。土地平曠，屋舍儼然。有良田、美池、桑、竹之屬，阡陌交通，雞犬相聞。其中往來種竹，男女衣著，悉如外人；黃髮、垂髫，並怡然自樂。見漁人，乃大驚；問所從來，具答之。便要還家，爲設酒、殺雞、作食；村中聞有此人，咸來問訊。自云：先世避秦時亂，率妻子邑人來此絕境，不復出焉；遂與外人間隔。問今是何世，乃不知有漢，無論魏、晉。此人一一爲具言所聞，皆歎惋。餘人各復延至其家，皆出酒食。停數日，辭去。此中人語云：「不足爲外人道也。」⑨

賢君行仁政，百姓親而譽之。《史記・孝文本紀》云：

教文皇帝臨天下，通關梁，不異遠方。除誹謗，去肉刑，賞賜長老，收恤孤獨，以育群生。減嗜欲，不受獻，不私其利也。罪人不帑，不誅無罪。除宮刑，出美人，重絕人之世。朕既不敏，不能識。此皆上古之所不及，而孝文帝親行之。德厚侔天地，利澤施四海，靡不獲福焉。……太史公曰：孔子言：「必世然後仁。善人之治國百年，亦可以勝殘去殺。」誠哉是言！漢興，至孝文四十有餘載，德至盛也。⑩

暴君荒淫無道，嚴刑峻法，百姓畏而怨之。《史記・殷本紀》云：

帝紂資辨捷疾，聞見甚敏；材力過人，手格猛獸；知足以距諫，言足以飾非；矜人臣以能，高天下以聲，以爲皆出己之下。好酒淫樂，嬖於婦人。愛妲己，妲己之言是從。於是使師涓作新淫聲，北里之舞，靡靡之樂。厚賦稅以實鹿臺之錢，而盈鉅橋之粟。益收狗馬奇物，充仞宮室。益廣沙丘苑臺，多取野獸蜚鳥置其中，慢於鬼神，大冣樂戲於沙丘，以酒爲池，縣肉爲林，使男女倮，相逐其間，爲長夜之飲。百姓怨望而諸侯有畔者，於是紂乃重刑辟，有炮格之法。以西伯昌、九侯、鄂侯爲三公。九侯有好女，入之紂。九侯女不憙淫，紂怒，殺之，而醢九侯。鄂侯爭之強，辨之疾，並脯鄂侯。西伯昌聞之，竊嘆。崇侯虎知之，以告紂，紂囚西伯羑里。……紂愈淫亂不止。微子數諫不聽，乃與大師、少師謀，遂去。比干曰：爲人臣者，不得不以死爭。迺強諫紂。紂怒曰：吾聞聖人心有七竅。剖比干，觀其心。箕子懼，乃詳狂爲奴，紂又囚之。殷之大師、少師乃持其祭樂器奔周。周武王於是率諸侯伐紂。紂亦發兵距之牧野。甲子日，紂兵敗。紂走入，登鹿臺，衣其寶玉衣，赴火而死。周武王遂斬紂頭，縣之大白旗。殺妲己。⑪

昏君昏庸無能，如晉惠帝司馬衷也。《晉書・惠帝紀》云：

帝之爲太子也，朝廷咸知不堪政事，武帝亦疑焉。嘗悉召東宮官屬，使以尚書事，令太子決之，帝不能對。賈妃遣左右代對，多引古義。給事張泓曰：「太子不學，陛下所知。今宜以事斷，不可引書。」妃從之。泓乃具草，令帝書之。武帝覽而大悅，太子遂安。及居大位，政出群下，綱紀大壞，貨賂公行，勢位之家，以貴陵物，忠賢路絕，讒邪得志，更相薦舉，天下謂之互市焉。高平王沈作釋時論，南陽魯褒作錢神論，廬江杜嵩作任子春秋，皆疾時之作也。帝又嘗在華林園，聞蝦蟆聲，謂左右曰：「此鳴者爲官乎？私乎？」或對曰：「在官地爲官，在私地爲私。」及天下荒亂，百姓餓死，帝曰：「何不食肉糜？」其蒙蔽皆此類也。後因食餅中毒而崩，或云司馬越之鴆。史臣曰：「古者敗國亡身，分鑣共軫，不有亂常，則多昏暗。豈明神喪其精魄，武皇不知其子也！」⑫

【附注】

① 郭慶藩《莊子集釋》卷六上，〈繕性〉第十六，頁五四八—五五二。

② 葉程義《莊子寓言研究》，(73)〈去性從心〉，頁一六一。

③ 同注①，卷八中，〈徐無鬼〉第二十四，頁八六〇—八六一。

④ 同注②，(141)〈許由逃堯〉，頁二三五。

⑤ 同注①，卷五上，〈天地〉第十二，頁四二三。

⑥ 同注②，(54)〈子高責禹德衰刑立〉，頁一三九。

⑦ 同注①，卷三下，〈應帝王〉第七，頁二九五—二九六。

⑧ 同注②，(42)〈老聃論明王之治〉，頁一二四—一二五。

⑨ 楊勇《陶淵明集校箋》卷六，〈記傳述贊・桃花源記並詩〉，頁二七五—二七六。（台北市，盤庚出版社，民國六十八年，文史叢刊27號。）

⑩ 《史記・孝文本紀》第十，卷十，頁四三六—四三七。

⑪ 同上，〈殷本紀〉第三，卷三，頁一〇五—一〇八。

⑫ 《晉書·惠帝紀》第四，卷四，頁一〇七—一〇八。

十八章

大道廢，有仁義；智慧出，①有大僞。六親不和，有孝慈；國家昏亂，有忠臣。

本章主旨在闡述大道淪喪世風衰頹之現象。其大意爲：大同社會，聖王御世，端正而不知以爲義，相愛而不知以爲仁。迨大道淪喪，社會混亂，人心險惡，始以仁義相尚。猶如涸澤之魚，相呴以濕，相濡以沫；患病之人，雖醫藥治療也。大道廢棄，爭名逐利之徒，憑其智慧，巧取掠奪，詭譎欺騙，由是生焉。社會澆薄，家庭失和，父子、兄弟、夫婦不能和睦相處，始崇尚父慈子孝，兄友弟恭等倫常。國家昏亂，政治腐敗，孤臣孽子，精忠報國；所謂烈風知勁草，板蕩識忠臣；松柏後凋於歲寒，雞鳴不已於風雨也。

大道廢，有仁義者，《莊子·馬蹄》云：

夫至德之世，同與禽獸居，族與萬物並，惡乎知君子小人哉！同乎無知，其德不離；同乎無欲，是謂素樸；素樸而民性得矣。及至聖人，蹩躠爲仁，踶跂爲義，而天下始疑矣；澶漫爲樂，摘僻爲禮，而天下始分矣。故純樸不殘，孰爲犧尊！白玉不毀，孰爲珪璋！道德不廢，安取仁義！性情不離，安用禮樂！五色不亂，孰爲文采！五聲不亂，孰應六律！夫殘樸以爲器，工匠之罪也；毀道德以爲仁義，聖人之過也。②

智慧出，有大僞者。《莊子·庚桑楚》：

道者，德之欽也；生者，德之光也；性者，生之質也。性之動，謂之爲；爲之僞，謂之失。知者，接也；知者，謨也；知者之所不知，猶睨也。動以不得已之謂德，動無非我之謂治，名相反而實相順也。③

夫人情易欺，天然難矯。《莊子·人間世》云：

絶跡易，無行地難。爲人使易以僞，爲天使難以僞。聞以有翼飛者矣，未聞以無翼飛者也；聞以有知知者矣，未聞以無知知者也。④

大道者，若華胥氏之國。《列子·黃帝篇》云：

華胥氏之國，在弇州之西，台州之北，不知斯齊國幾千萬里；蓋非舟車足力之所及，神游而已。其國無師長，自然而已。其民無嗜慾，自然而已。不知樂生，不知惡死，故無夭殤；不知親己，不知疏物，故無愛憎；不知背逆，不知向順，故無利害；都無所愛惜，都無所畏忌。入水不溺，入火不熱。斫撻無傷痛，指擿無痟癢。乘空如履實，寢虛若處床。雲霧不硋其視，雷霆不亂其聽，美惡不滑其心，山谷不躓其步，神行而已。⑤

此大道不廢，安取仁義？迨大道頹廢，則須有仁義以救世也。

智慧奸僞，相倚而生。大奸以忠，大詐以信，竊鉤者誅，竊國者侯，假借仁義，盜取私利，如司馬昭之心，路人皆知也。曹髦在位時，昭爲大將軍，專攬國政，自爲相國，後賜封晉公，加九錫，託辭不受。後殺髦，立元帝奐。《漢晉春秋》曰：

帝見威權日去，不勝其忿。乃召侍中王沈、尚書王經、散騎常侍王業，謂曰：「司馬昭之心，路人所知也。吾不能坐受廢辱，今日當與卿等自出討之。」王經曰：「昔魯昭公不忍季氏，敗走失國，爲天下笑。今權在其門，爲日久矣，朝廷四方皆爲之致死，不顧逆順之理，非一日也。且宿衛空闕，兵甲寡弱，陛下何所資用，而一旦如此，無乃欲除疾而更深之邪！禍殆不測，宜見重詳。」帝乃出懷中版令投地，曰：「行之決矣。正使死，何所懼？況不必死邪！」於是入白太后，沈、業奔走告文王，文王爲之備。帝遂帥僮僕數百，鼓譟而出。文王弟屯騎校尉伷入，過帝于東止車門，左右呵之，伷衆奔走。中護軍賈充又逆帝戰於南闕下，帝自用劍。衆欲退，太子舍人成濟問充曰：「事急矣。當云何？」充曰：「畜養汝等，正謂今日。今日之事，無所問也。」濟即前刺帝，刃出於背。文王聞，大驚，自投于地曰：「天下其謂我何！」太傅孚奔往，枕帝股而哭，哀甚，曰：「殺陛下者，臣之罪也。」⑥

司馬昭口蜜腹劍，其心可誅。《晉書・文帝紀》云：

帝奏曰：「故高貴鄉公帥從駕人兵，拔刃鳴鼓向臣所，臣懼兵刃相接，即敕將士不得有所傷害，違令者以軍法從事。騎督成倅弟太子舍人濟入兵陣，傷公至隕，臣聞人臣之節，有死無貳；事上之義，不敢逃難。前者變故卒至，禍同發機，誠欲委身守死，惟命所裁。然惟本謀，乃欲上危皇太后，傾覆宗廟，臣忝當元輔，義在安國，即駱驛申敕，不得迫近輿輦。而濟妄入陣間，以致大變，哀怛痛恨，五內摧裂。濟干國亂紀，罪不容誅，輒收濟家屬，付廷尉。」太后從之，夷濟三族。與公卿議，立燕王宇之子常道鄉公璜爲帝。⑦

司馬昭假仁假義，貓哭耗子，濟爲替罪羔羊，不亦悲乎！此可作爲老子慧智出有大僞之事證也。

六親者：父母兄弟夫婦是也。如能和睦相處，毋庸強調孝慈友恭也。一旦失之，益顯孝慈之可貴也。《史記・五帝本紀》云：

堯乃賜舜絺衣，與琴，爲築倉廩，予牛羊。瞽叟尚復欲殺之，使舜上塗廩，瞽叟從下縱火焚廩。舜乃以兩笠自扞而下，去，得不死。後瞽叟又使舜穿井，舜穿井爲匿空旁出。舜既入深，瞽叟與象共下土實井，舜從匿空出，去。瞽叟、象喜，以舜爲已死。象曰：「本謀者象。」象與其父母分，於是曰：「舜妻堯二女，與琴，象取之。牛羊倉廩予父母。」象乃止舜宮居，鼓其琴。舜往見之。象鄂不懌，曰：「我思舜正鬱陶！」舜曰：「然，爾其庶矣！」舜復事瞽叟愛弟彌謹。⑧

舜以德報怨，可謂大孝矣！

亂世知忠臣，患難見友情。《宋史・文天祥》傳：

天祥方飯五坡嶺，張弘範兵突至，衆不及戰，皆頓首伏草莽。天祥倉皇出走，千戶王惟義前執之。天祥呑腦子，不死。……天祥至潮陽，見弘範，左右命之拜，不拜，弘範遂以客禮見之，與俱入厓山，使爲書招張世傑。天祥曰：「吾不能扞父母，乃教人叛父母，可乎？」索之固，乃書所過零丁洋詩與之。其末有云：「人生自古誰無死，留取丹心照汗青。」弘範笑而置之。厓山破，軍中置酒大會，弘範曰：「國亡，丞相忠孝盡矣，能改心以事宋者事皇上，將不失爲宰相也。」天祥泫然出涕，曰：「國亡不能捄，爲人臣者死有餘罪，況敢逃其死而二其心乎。」弘範義之，遣使護送天祥至京師。……召入諭之曰：「汝何願？」天祥對曰：「天祥受宋恩，爲宰相，安事二姓？願賜之一死足矣。」然猶不忍，遽麾之退。言者力贊從天祥之請，從之。俄有詔使止之，天祥死矣。天祥臨刑殊從容，謂吏卒曰：「吾事畢矣。」南鄉拜而死。數日，其妻歐陽氏收其屍，面如生，年四十七。其衣帶中有贊曰：「孔曰成仁，孟曰取義，惟其義盡，所以仁至。讀聖賢書，所學何事，而今而後，庶幾無媿。」⑨

老子言國家昏亂有忠臣，其此之謂乎！

【附注】

① 許抗生《帛書老子注譯與研究》，頁一〇一，注③智慧，甲本作「知快」，乙本作「知慧」。通行本等皆作「智慧」，今從乙本。快爲誤字。程義案：甲本即小篆本，乙本即隸書本，今據改。

② 郭慶藩《莊子集釋》卷四中，〈馬蹄〉第九，頁三三六。

③ 同上，卷八上，〈庚桑楚〉第二十三，頁八一〇。

④ 同上，卷二中，〈人間世〉第四，頁一五〇。

⑤ 張湛《列子注·黃帝》第二，卷二，頁一三—一四。（台北市，世界書局，民國六十一年，新編《諸子集成》第四冊。）

⑥《三國志・魏書》〈三少帝紀〉第四，卷四，頁一四四。裴松之注引《漢晉春秋》。

⑦《晉書・文帝紀》第二，卷二，頁三六－三七。

⑧《史記・五帝本紀》第一，卷一，頁三四。

⑨《宋史・文天祥列傳》第一七七，卷四一八，頁一二五三八－一二五四〇。

十九章

絕聖棄智，民利百倍；絕仁棄義，民復孝慈；絕巧棄利，盜賊無有。此三者，以為文不足，故令有所屬。見素抱樸，少私寡欲。

本章主旨在闡述絕棄聖智、仁義、巧利，反樸歸眞也。其大意爲：不逞其聰明才智，巧取掠奪，則人民不受絲毫之害而蒙千萬之利矣。大道淪喪，仁義不行，有人假借仁義，以之圖謀私利，故謂絕棄仁義，則民自然恢復父慈子孝矣。屏棄譎巧之術，不存私利之心，則欺世盜名之徒，無由產生矣。以上聖智、仁義、巧利三者，徒務虛名，流爲僞善文巧，則民乃淫，故必須令其有所歸屬主旨，即抱持樸素自然之本質，降低私心欲望也。

絕聖棄知，天下大治。《莊子・在宥》云：

崔瞿問於老聃曰：「不治天下，安藏人心？」老聃曰：「汝慎無攖人心，人心排下而進上，上下囚殺，淖約柔乎剛強。廉劌彫琢，其熱焦火，其寒凝冰。其疾俛仰之間而再撫四海之外，其居也淵而靜，其動也縣而天。僨驕而不可係者，其唯人心乎？昔者黃帝以仁義攖人之心，堯舜於是乎股無胈，脛無毛，以養天下之形，愁其五藏以爲仁義，矜其血氣以規法度。然猶有不勝也，堯於是放讙兜於崇山，投三苗於三峗，流共工於幽都，此不勝天下也，夫施及三王而天下大駭矣。下有桀跖，上有曾史，而儒墨畢起。於是乎喜怒相疑，愚知相欺，善否相非，誕信相譏，而天下衰矣；大德不同，而性命爛漫矣；天下好知，而百姓求竭矣。於是乎釿鋸制焉，繩墨殺焉，椎鑿決焉。天下脊脊大亂，罪在攖人心。故賢者伏處大山嵁巖之下，而萬乘之君憂慄乎廟堂之上。今世殊死者相枕也，桁楊者相推也，形戮者相望也，而儒墨乃始離跂攘臂乎桎梏之間。意，甚矣哉！其無愧而不知恥也甚矣！吾未知聖知之不爲桁楊接槢也，仁義之不爲桎梏鑿枘也，焉知曾史之不爲桀跖嚆矢也！故曰『絶聖棄知而天下大治。』」①

借重古聖老子之言，說明絶聖棄智而天下治之理。崔瞿爲杜撰人物，以不治天下，如何使人心向善，質疑於老聃。老子答語可分爲三段：首段說明人心內而好勝向上，則上下囚殺；外而虛僞善變，則忽冷忽熱，動靜無常，喜怒不一，故應使人心靜如止水，無攖人心也。次段說明黃帝以仁義攖人心，堯舜矜其血氣以規法度，於是愚智相欺，善否相非，禮教刑具叢生，天下大亂，罪在攖人心，末段說明統治者黥鼻五刑，遂使鐐銬刑戮成衢，殊死者相枕，殘兀滿路，慘酷之狀，觸目驚心。仁義聖智復爲統治工具，成爲刑具之楔木孔柄，在此慘絶人寰之人間地獄，不得不感慨系之，而發出絶聖棄智之嘆息矣。②

聖人生，大盜起。《莊子．胠篋》云：

將爲胠篋探囊發匱之盜而爲守備，則必攝緘縢，固扃鐍，此世俗之所謂知也。然而巨盜至，則負匱揭篋擔囊而趨，唯恐緘縢扃鐍之不固也。然則鄉之所謂知者，不乃爲大盜積者也？故嘗試論之，世俗之所謂知者，有不爲大盜積者乎？所謂聖者，有不爲大盜守者乎？何以知其然耶？昔者齊國鄰邑相望，雞狗之音相聞，罔罟之所布，耒耨之所刺，方二千餘里。闔四竟之內，所以立宗廟社稷，治邑屋州閭鄉曲者，曷嘗不法聖人哉！然而田成子一旦殺齊君而盜其國。所盜者豈獨其國邪？並與其聖知之法而盜之。故田成子有乎盜賊之名，而身處堯舜之安；小國不敢非，大國不敢誅，十二世有齊國。則是不乃竊齊國，並與其聖知之法以守其盜賊之身乎？嘗試論之，世俗之所謂至知者，有不爲大盜積者乎？所謂至聖者，有不爲大盜守者乎？何以知其然邪？昔者龍逢斬，比干剖，萇弘胣，子胥靡，故四子之賢而身不免乎戮。故跖之徒問於跖曰：「盜亦有道乎？」跖曰：「何適而無有道邪！」夫妄意室中之藏，聖也；入先，勇也；出後，義也；知可否，知也；分均，仁也。五者不備而能成大盜者，天下未之有也。由是觀之，善人不得聖人之道不立，跖不得聖人之道不行；天下之善人少而不善人多，則聖人之利天下也少而害天下也多。故曰：脣竭則齒寒，魯酒薄而邯鄲圍，聖人生而大盜起，掊擊聖人，縱舍盜賊，而天下始治矣。夫川竭而谷虛，丘夷而淵實。聖人已死，則大盜不起，天下平而無故矣。聖人不死，大盜不止。雖重聖人而治天下，則是重利盜跖也。爲之斗斛以量之，則並與斗斛而竊之；爲之權衡以稱之，則並與權衡而竊之。爲之符璽以信之，則並與符璽而竊之；爲之仁義以矯之，則並與仁義而竊之。何以知其然邪？能竊鉤者誅，竊國者爲諸侯，諸侯之門而仁義存焉。則是非竊仁義聖知邪？故逐於大盜，揭諸侯，竊仁義斗斛權衡符璽之利者，雖有軒冕之賞弗能功，斧鉞之威弗能禁。此重利盜跖而使不可禁者，是乃聖人之過也。故曰：「魚不可脫於淵，國之利器不可以示人。」彼聖人者，天下之利器也，非所以明天下也，故絕聖棄知，大盜乃止；擿玉毀珠，小盜不起；焚符破璽，而民朴鄙；掊斗折衡，而民不爭；殫殘天下之聖法，而民始可與論議。擢亂六律，鑠絶竽瑟，塞瞽曠之耳，而天下始人含其聰矣；滅文章，散五采，膠離朱之目，而天下始人含其明矣；毀絶鉤繩而棄規矩，攦工倕之指，而天下始人有其巧矣。故曰「大巧若拙。」削曾史之行，鉗楊墨之口，攘棄仁義，而天下之德始玄同矣。彼人含其明，則天下不鑠矣；人含其聰，則天下不累矣；人含其知，則天下不惑矣；人含其德，則天下不僻矣。彼曾、史、楊、墨、師曠、工倕、離朱者，皆外立其德，而以爚亂天下者也，法之所無用也。③

以盜亦有道，寓大盜竊國之意。夫竊鉤者誅，竊國者侯，其竊一也，而有天壤之別。如田成子者，不僅竊齊國，並盜聖智之法以護身，其與跖何異？盜跖爲眞小人，而田成子可謂僞君子矣。聖賢禮法之創設，本用以防盜制賊，而反遭盜賊所竊，用爲護身之名器，張其恣肆之慾，殘民以自肥，禮法既爲繩小民有餘，防大盜不足，故主張莫若絶棄聖智禮法，以免爲大盜所乘，而慨乎言之：聖人生而大盜起，聖人不死，大盜不止。法國羅蘭夫人云：「民主啊！自由啊！多少罪惡假汝名以行。」痛哉斯言！夫古今中外，均有盜名欺世之徒，蒙羊皮之狼，人生處世，能不愼乎？④

吳起愛慕榮名，不仁不義，母死不赴，殺妻將魯。《史記・吳起列傳》云：

吳起者，衛人也，好用兵。嘗學於曾子，事魯君。齊人攻魯，魯欲將吳起，吳起取齊女爲妻，而魯疑之。吳起於是欲就名，遂殺其妻，以明不與齊也。魯卒以爲將。將而攻齊，大破之。魯人或惡吳起曰：「起之爲人，猜忌人也。其少時，家累千金，游仕不遂，遂破其家。鄉黨笑之，吳起殺其謗己者三十餘人，而東出衛郭門。與其母訣，齧臂而盟曰：『起不爲卿相，不復入衛。』遂事曾子。居頃之，其母死，起終不歸。曾子薄之，而與起絕。起乃之魯，學兵法以事魯君，魯君疑之，起殺妻以求將。夫魯小國，而有戰勝之名，則諸侯圖魯矣。且魯衛兄弟之國也，而君用起，則是棄衛。」魯君疑之，謝吳起。太史公曰：「吳起說武侯以形勢不如德，然行之於楚，以刻暴少恩亡其軀。悲夫！」⑤

夫大道淪喪，仁義不行，如吳起者，比比皆是。故老子慨乎言之，絕仁棄義，民復孝慈。其此之謂乎！

【附　注】

① 郭慶藩《莊子集釋》卷四下，〈在宥〉第十一，頁三七一—三七七。

② 葉程義《莊子寓言研究》，(48)〈絕聖棄知而天下治〉，頁一三二—一三三。

③ 同注①，卷四中，〈胠篋〉第十，頁三四二—三五三。

④ 同注②，(47)〈盜亦有道〉，頁一三一—一三二。

⑤ 《史記・孫子、吳起列傳》第五，卷六十五，頁二一六五—二一六九。

二十章

絕學無憂。唯之與阿，相去幾何？善之與惡，相去若何？人之所畏，不可不畏。荒兮其未央哉！眾人熙熙，如享太牢，如春登臺。我獨泊兮其未兆，如嬰兒之未孩，儽儽兮若無所歸。眾人皆有餘，而我獨若遺。我愚人之心也哉，沌沌兮，俗人昭昭，我獨昏昏；俗人察察，我獨悶悶。澹兮其若海，飂兮若無止。眾人皆有以，而我獨頑似鄙。我獨異於人，而貴食母。

本章主旨在闡述修己之道，其與世俗不同，淡泊寧靜，不慕名利，絕棄智巧之學，遵行生生不息之自然大道。其大意爲：絕棄巧取名利之知識，則人生無憂無慮。榮譽與恥辱，美善與醜惡，蓋以時空因素，人爲成見，文飾詐僞，不易辨別，故相差甚微也。人世虛僞險惡，當知戒愼惕厲。大道廣闊無邊，無窮無盡，唯有和光同塵。吾與世人大異其趣，衆人以追逐名利爲樂，如饗山珍海味之盛宴，如遊亭臺樓閣之情趣；而我卻淡然處之，如赤子之心，於金玉珠寶，榮華富貴，無動於衷，淡泊名利，猶如無所歸宿之遊子。衆人皆自得自滿，狂妄自大；而我卻以爲大道無涯，所知有限，猶如有所遺失，踏破鐵鞋無覓處。我果眞爲愚昧之人乎？無知無欲，一片渾沌。衆人炫耀聰明，而我卻韜光養晦；衆人錙銖必較，而我則純樸無知。聖人之胸襟若汪洋大海，澹蕩無涯，若長風萬里，周行不殆。衆人皆有智巧之能，而我則愚昧鄙陋。我爲何如此與衆不同？蓋以遵守人生根本之大道而行。

德人之容，如嬰兒之未孩。《莊子·天地》云：

德人者，居無思，行無慮，不藏是非美惡。四海之內共利之之謂悅，共給之之爲安；怊乎若嬰兒之失其母也，儻乎若行而失其道也。財用有餘而不知其所自來，飲食取足而不知其所從，此謂德人之容。①

夫返樸歸眞，爲道家之最高境界。人以物質之欲望，迷失本眞。故陽明之學，主明心見性，禪宗之「身若菩提樹，心似明鏡臺，時時勤拂拭，莫使惹塵埃。」頗有異曲同工之妙。六祖之「菩提本非樹，明鏡亦非臺，本來無一物，那得惹塵埃。」其境界益高，與老子無名之道同矣。②

俗人之行，昭昭察察。《莊子·天地》云：

孝子不諛其親，忠臣不諂其君，臣子之盛也。親之所言而然，所行而善，則世俗謂之不肖子；君之所言而然，所行而善，則世俗謂之不肖臣。而未知此其必然邪？世俗之所謂然而然之，所謂善而善之，則不謂之道諛之人也。然則俗故嚴於親而尊於君邪？謂己道人，則勃然作色；謂己諛人，則怫然作色。而終身道人也，終身諛人也，合譬飾辭聚衆也，是終始本末不相坐。垂衣裳，設采色，動容貌，以媚一世，而不自謂道諛，與夫人之爲徒，通是非，而不自謂衆人，愚之至也。知其愚者，非大愚也；知其惑者，非大惑也。大惑者，終身不解；大愚者，終身不靈。三人行而一人惑，所適者猶可致也，惑者少也；二人惑則勞而不至，惑者勝也。而今也以天下惑，予雖有祈嚮，不可得也。不亦悲乎！大聲不入於里耳，折楊皇荂，則嗑然而笑。是故高言不止於衆人之心，至言不出，俗言勝也。以二缶鍾惑，而所適不得矣。而今也以天下惑，予雖有祈嚮，其庸可得邪！知其不可得也而強之，又一惑也，故莫若釋之而不推。不推，誰其比憂！厲之人夜半生其子，遽取火而視之，汲汲然唯恐其似己也。③

以厲人夜半生子爲喻，言醜婦亦冀生美女，惡人亦期爲善也。此皆人之本性，雖一時因物欲而迷失，然皆有浪子回頭，迷途知返之日耳。④

修道者之風範，如嚴光者，垂釣不仕。《後漢書・逸民傳》

嚴光宗子陵，一名遵，會稽餘姚人也。少有高名，與光武同遊學。及光武即位，乃變名姓，隱身不見。帝思其賢，乃令以物色訪之。後齊國上言：「有一男子，披羊裘釣澤中。」帝疑其光，乃備安車玄纁，遣使聘之。三反而後至。舍於北軍，給床褥，太官朝夕進膳。司徒侯霸與光素舊，遣使奉書。使人因謂光曰：「公聞先生至，區區欲即詣造，迫於典使，是以不獲。願因日暮，自屈語言。」光不答，乃投札與之，口授曰：「君房足下：位至鼎足，甚善。懷仁輔義天下悅，阿諛順旨要領絕。」霸答書，封奏之。帝笑曰：「狂奴故態也。」車駕即日幸其館。光卧不起，帝即其卧所，撫光腹曰：「咄咄子陵，不可相助爲理邪？」光又眠不應，良久，乃張目熟視，曰：「昔唐堯著德，巢父洗耳。士故有志，何至相迫乎！」帝曰：「子陵，我竟不能下汝邪？」於是，升輿歎息而去。復引光入，論道舊故，相對累日。帝從容問光曰：「朕何如昔時？」對曰：「陛下差增於往。」因共偃臥，光以足加帝腹上。明日，太史奏客星犯御坐甚急。帝笑曰：「朕故人嚴子陵共臥耳。」除為諫議大夫，不屈，乃耕於富春山，後人名其釣處為嚴陵瀨焉。建武十七年，復特徵，不至。年八十，終於家。帝傷惜之，詔下郡縣賜錢百萬，穀千斛。⑤

老子曰：衆人熙熙，如享太牢，如登春臺。我獨泊兮其未兆，如嬰兒之未孩，儽儽兮若無所歸，衆人皆有餘，而我獨若遺。其此之謂乎？

又如陳摶者，高臥華山不仕。《宋史·隱逸傳》：

太平興國中來朝，太守待之甚厚。九年復來朝，上益加禮重，謂宰相宋琪等曰：「摶獨善其身，不干勢利，所謂方外之士也。摶居華山已四十餘年，度其年近百歲。自言經承五代離亂，幸天下太平，故來朝覲。與之語，甚可聽。」因遣中使送至中書，琪等從容問曰：「先生得玄默修養之道，可以教人乎？」對曰：「摶山野之人，於時無用，亦不知神仙黃白之事、吐納養生之理，非有方術可傳。假令白日沖天，亦何益於世？今聖上龍顏秀異，有天人之表，博達古今，深究治亂。真有道仁聖之主也。至君臣協心同德、興化致治之秋，勤行修鍊，無出於此。」琪等稱善，以其語白上。上益重之，下詔賜號希夷先生，仍賜紫衣一襲，留摶闕下，令有司增葺所止雲觀臺。上屢與之屬和詩賦，數月放還山。⑥

老子曰：我愚人之心也哉！沌沌兮，俗人昭昭，我獨昏昏。俗人察察，我獨悶悶。澹兮其若海，飂兮若無止，衆人皆有以，而我獨頑似鄙。其此之謂乎！

【附 注】

① 郭慶藩《莊子集釋》卷五上，〈天地〉第十二，頁四四一。
② 葉程義《莊子寓言研究》，(58)〈苑風論聖治神德〉，頁一四四。
③ 同注①，頁四四七—四五〇。
④ 同注②，(60)〈厲人夜半生子〉，頁一四五。
⑤《後漢書・逸民列傳》第七十三，卷八十三，頁二七六三—二七六四。
⑥《宋史・隱逸傳上》第二一六，卷四五七，頁一三四二〇—一三四二一。

二十一章

孔德之容，惟道是從。道之為物，惟恍惟惚。惚兮恍兮，其中有象；恍兮惚兮，其中有物。窈兮冥兮，其中有精。其精甚真，其中有信。自古及今，其名不去，以閱眾甫。吾何以知眾甫之狀哉？以此。

本章主旨在闡述道之意義，其大意爲：大德之人，其人生處世態度，言語動作，唯有遵循自然之道而行。所謂道者，其以物言，恍恍惚惚，若有若無，似實似虛，其在恍惚中，具有宇宙形象，亦包容天地萬物。其在窈冥深遠中，極其精微。其精微之物，至爲眞實，信而有徵。從古至今，其發育萬物之名義，永存不變，蓋道爲創生萬物之根源。吾人何以知萬物與道之關係如此哉？即依據古之道，以御今之有也。

道之爲物，惟恍惟惚者，《莊子・至樂》云：

天無爲以之清，地無爲以之寧，故兩無爲相合，萬物皆化。芒乎芴乎，而無從出乎！芴乎芒乎，而無有象乎！萬物職職，皆從無爲殖。故曰天地無爲也而無不爲也，人也孰能得無爲哉！①

窈兮冥兮，其中有精者，《莊子・在宥》云：

至道之精，窈窈冥冥；至道之極，昏昏默默。無視無聽，抱神以靜，形將自正。必靜必清，無勞女形，無搖女精，乃可以長生。目無所見，耳無所聞，心無所知，女神將守形，形乃長生。愼女內，閉女外，多知爲敗。我爲女遂於大明之上矣，至彼至陽之原也；爲女入於窈冥之門矣，至彼至陰之原也。②

夫形而上之道，先天地而有，充塞乎宇宙萬物之中，不受時空之局限，不生不滅者也。③

按道即是心，心即是佛，即心即佛，即佛即心，即心即道。《指月錄》卷二載，〈善慧大士傅翕傳〉云：

大士一日披衲、頂冠、靸履朝見，帝問：「是僧耶？」士以手指冠。帝曰：「是道耶？」士以手指靸履。帝曰：「是俗耶？」士以手指衲衣。有偈曰：「有物先天地，無形本寂寥，能爲萬象主，不逐四時凋。」又曰：「夜夜抱佛眠，朝朝不共起。起坐鎮相隨，語默同居止。纖毫不相離，如身影相似。欲識佛去處，祇這語聲是。」保寧亦有一頌：「要眠時即眠，要起時即起，水洗面皮光，啜茶濕卻嘴。大海紅塵飛，平地波濤起，呵呵阿呵呵，囉哩囉囉哩。」又曰：「空手把鉏頭，步行騎水牛，人在橋上過，橋流水不流。」④

又《指月錄》卷九載，仰山慧寂禪師與東寺如會禪師〈論鎮海明珠事〉云：

仰山參，師問：「汝是甚處人？」仰曰：「廣南人。」師曰：「我聞廣南有鎮海明珠，是否？」仰曰：「是。」師曰：「此珠如何？」仰曰：「黑月即隱，白月即現。」師曰：「還將得來也無？」仰曰：「將得來。」師曰：「何不呈似老僧？」仰叉手近前曰：「昨到溈山，亦被索此珠，直得無言可對，無理可伸。」師曰：「真師子兒，善能哮吼。」仰禮拜了，卻入客位，具威儀再上人事。

師纔見乃曰：「已相見了也。」仰曰：「恁麼相見莫不當否？」師歸方丈閉卻門。仰歸舉似潙山，潙曰：「寂子是甚麼心行？」仰曰：「若不恁麼，爭識得他？」⑤

此禪宗公案，以鎮海明珠，隱喻佛性。《涅槃經》卷七云：「一切衆生，悉有佛性。」卷十又云：「一切衆生，同有佛性，無有差別。」此即道家所謂道無所不在是也。

【附 注】

① 郭慶藩《莊子集釋》卷六下，〈至樂〉第一八，頁六一二。
② 同上，卷四下，〈在宥〉第十一，頁三八一。
③ 葉程義《莊子寓言研究》，⑷⑼〈廣成子論修道永生〉，頁一三四。
④ 《指月錄》卷之二，〈善慧大士〉，頁五七上，總頁五七。（台北市，佛教出版社，民國七十二年，《佛教大藏經》第一五六冊。）
⑤ 同上，卷之九，〈東寺如會禪師〉，頁二五二上，總頁二五二。

二十二章

曲則全，枉則直，窪則盈，敝則新，少則得，多則惑。是以聖人抱一為天下式。不自見，故明；不自是，故彰；不自代，故有功；不自矜，故長。夫唯不爭，故天下莫能與之爭。古之所謂曲則全者，豈虛言哉？誠全而歸之。

本章主旨在闡述委曲求全，抱一守道之法則。其大意爲：委曲柔順，始能保全；屈己謙讓，得以伸展；江海卑下，有容乃大；葉枯葉生，新陳代謝；無欲則剛，知足常樂；貪得無饜，迷惑本性。因此，聖人明理守約，作爲天下之法則。不自我表現，故能昭明；不自以爲是，故能顯著；不自我誇耀，故能成功；不自大自滿，故能長久。是故，不與人爭勝，所以天下人亦不與之爭。古人所謂委曲求全之理，非空言也，故能實至而名歸，名實兩全焉。

曲則全者，以物而言，如文木夭折，散木天年。《莊子人間世》云：

匠石之齊，至於曲轅，見櫟社樹。其大蔽數千牛，絜之百圍，其高臨山十仞而後有枝，其可以爲舟者旁十數。觀者如市，匠伯不顧，遂行不輟。弟子厭觀之，走及匠石，曰：「自吾執斧斤以隨夫子，未嘗見材如此其美也。先生不肯視，行不輟，何邪？」曰：「已矣，勿言之矣！散木也，以爲舟則沈，以爲棺槨則速腐，以爲器則速毀，以爲門戶則液樠，以爲柱則蠹。是不材之木也，無所可用，故能若是之壽。」匠石歸，櫟社見夢曰：「女將惡乎比予哉？若將比予於文木邪？夫柤梨橘柚，果蓏之屬，實熟則剝，剝則辱；大枝折，小枝泄。此以其能苦其生者也，故不終其天年而中道夭，自掊擊於世俗者也。物莫不若是。且予求無所可用久矣，幾死，乃今得之，爲予大用。使予也而有用，且得有此大也邪？且也若與予也皆物也，奈何哉其相物也？而幾死之散人，又惡知散木！」匠石覺而診其夢。弟子曰：「趣取無用，則爲社何邪？」曰：「密！若無言！」彼亦直寄焉，以爲不知己者詬厲也。不爲社者，且幾有翦乎！且也彼其所保與衆異，而以義喻之，不亦遠乎！」南伯子綦遊乎商之丘，見大木焉有異，結駟千乘，隱將芘其所藾。子綦曰：「此何木也哉？此必有異材夫！」仰而視其細枝，則拳曲而不可以爲棟梁；俯而視其大根，則軸解而不可以爲棺槨；咶其葉，則口爛而爲傷；嗅之，則使人狂酲，三日而不已。子綦曰：「此果不材之木也，以至於此其大也。嗟乎神人，以此不材！宋有荊氏者，宜楸柏桑。其拱把而上者，求狙猴之杙者斬之；三圍四圍，求高名之麗者斬之；七圍八圍，貴人富商之家求樿傍者斬之。故未終其天年，而中道夭於斧斤，此材之患也。故解之以牛之白顙者與豚之亢鼻者，與人有痔病者不可以適河。此皆巫祝以知之矣，所以爲不祥也。此乃神人之所以爲大祥也。」①

案此借不材樹木爲喻，寓無用爲用之理。文分四段：首段以匠石之齊爲起，言匠石見大樹不屑一顧。二段弟子厭觀之爲承，言匠石不顧大樹，弟子驚疑而問，匠石告以不材之木，無所可用，故能長壽。三段匠石歸爲轉，言櫟樹託夢，文木夭折，散木天年，萬物莫不若是。四段匠石覺而驚其夢爲合，言其所保與衆異，韜光養晦，以無用爲用，此乃自全之道。夫爲人處世，亦當如是也。俗云：樹大招風，人怕出名豬怕肥，能不戒愼恐懼乎？②

若以人而言，曲則全者，如支離疏，身殘形缺，得享天年。〈人間世〉復云：

友離疏者，頤隱於臍，肩高於頂，會撮指天，五管在上，兩髀爲脅，挫鍼治繲，足以餬口；鼓筴播精，足以食十人。上徵武士，則支離攘臂而遊於其間；上有大役，則支離以有常疾不受功；上與病者粟，則受三鍾與十束薪。夫支離其形者，猶足以養其身，終其天年，又況支離其德者乎！……山木自寇也，膏火自煎也。桂可食，故伐之；漆可用，故割之。人皆知有用之用，而莫知無用之用也。③

案此借支離形殘之人，以喻支離其德之義。夫支離疏者，爲莊子杜撰之「鐘樓怪人」，其形雖奇醜無比，而其神則完美無缺。由此可見，莊子所重者爲精神，而非物質；亦即所貴者爲形而上之道，而非形而下之體。就美學觀點言：莊子所重者爲內在之美，而非外在之美；如服裝店陳列之模特兒，徒具形狀之美，而無靈魂，則非眞美也；反之，如支離疏者，則爲純美矣。夫宇宙萬物亦然，不可以外形衡之。噫！世間庸俗之徒，焉知斯理哉！夫支離疏者，因身殘形缺，足以養身，終其天年，頗有塞翁失馬，焉知非福之意。老子云：「禍兮福所倚，福兮禍所伏。」可謂發人深省之語。夫人處亂世，應知趨吉避凶，養生全身。幸福輕如羽毛，易而可取；災禍重如泰山，而不知躲避。山木自寇，膏火自煎，食桂可伐，用漆可割，人爲財死，鳥爲食亡，名利喪身，此皆咎由自取也。④

靈桓視全人爲怪，視殘人爲不怪，此乃曲則全也。《莊子・德充符》云：

> 闉跂支離無脤說衛靈公，靈公說之；而視全人，其脰肩肩。甕㼜大癭說齊桓公，桓公說之；而視全人，其脰肩肩。故德有所長而形有所忘，人不忘其所忘而忘其所不忘，此謂誠忘。故聖人有所遊，而知爲孽，約爲膠，德爲接，工爲商。聖人不謀，惡用知？不斵，惡用膠？無喪，惡用德？不貨，惡用商？四者，天鬻也。天鬻者，天食也。既受食於天，又惡用人！有人之形，無人之情。有人之形，故群於人，無人之情，故是非不得於身。眇乎小哉，所以屬於人也！謷乎大哉，獨成其天！⑤

莊子虛構奇形怪狀之人，而寓德有所長，而形有所忘之義。靈桓二公，見怪不怪，反以不怪爲怪，其所見爲神，而非其形也。俗謂「情人眼裡出西施」，靈桓因愛其無形之美德，而忘其有形之醜態也。⑥《易・繫辭傳上》云：「曲成萬物而不遺。」此即老子曲則全之義。如堯之傳位，授舜不授子，而全其子孫，免於死無噍類。《史記・五帝本紀》云：

> 堯知子丹朱之不肖，不足授天下，於是乃權授舜。授舜，則天下得其利而丹朱病；授丹朱，則天下病而丹朱得其利。堯曰「終不以天下之病而利一人」，而卒授舜以天下。⑦

噫！後世之君，不明斯理，傳子不傳賢，其血肉之崩潰在其子孫矣！宋順帝之「願世世無生帝王家」，毅宗之語公主：「若何爲生我家！」痛哉斯言！

又如郭舍人以「曲則全」，救漢武帝乳母。《史記・滑稽列傳》云：

> 乳母家子孫奴從者橫暴長安中，當道掣頓人車馬，奪人衣服。聞於中，不忍致之法。有司請徙乳母

家室，處之於邊。奏可。乳母當入至前，面見辭。乳母先見郭舍人，爲下泣。舍人曰：「即入見辭去，疾步數還顧。」乳母如其言，謝去，疾步數還顧。郭舍人疾言罵之曰：「咄！老女子，何不疾行！陛下已壯矣，寧尚須汝乳而活邪？尚何還顧！」於是人主憐焉悲之，乃下詔止無從乳母，罰謫譖之者。⑧

又如簡雍以「曲則全」救欲釀者，《三國志・蜀書》第八〈簡雍傳〉云：

時天旱禁酒，釀者有刑，吏於人家索得釀具，論者欲令與作酒者同罰。雍與先主游觀，見一男女行道，謂先主曰：「彼人欲行淫，何以不縛？」先主曰：「卿何以知之？」雍對曰：「彼有其具，與欲釀者同。」先主大笑，而原欲釀者。⑨

又如晏子以「曲則全」而救圉人。《晏子春秋》載景公所愛馬死，欲誅圉人，〈晏子諫〉第廿五云：

景公使圉人養所愛馬，暴病死。公怒，令人操刀，解養馬者。是時晏子侍前，左右執刀而進。晏子止之，而問于公曰：「古時堯舜支解人，從何軀始」。公懼然曰：「從寡人始。」遂不支解。公曰：「以屬獄。」晏子曰：「此不知其罪而死，臣請爲君數之，使自知其罪，然後屬之獄。」公曰：「可。」晏子數之曰：「爾罪有三：公使汝養馬而殺之，當死罪一也。又殺公之所最善馬，當死罪二也。使公以一馬之故而殺人，百姓聞之，必怨吾君。諸侯聞之，必輕吾國。汝一殺公馬，使公怨積于百姓，兵弱于鄰國。當死罪三也。今以屬獄。」公喟然歎曰：「夫子釋之，夫子釋之，勿傷吾仁也！」⑩

周勃、灌嬰以「枉則直」，使竇氏兄弟不敢以富貴驕人，世澤綿長。《史記・外戚世家》云：竇皇后兄竇長君，弟曰竇廣國，字少君。少君年四五歲時，家貧，爲人所略賣，其家不知其處。傳十餘家，至宜陽，爲其主入山作炭，暮臥岸下百餘人，岸崩，盡壓殺臥者，少君獨得脫，不死。自卜數日當爲侯，從其家之長安。聞竇皇后新立，家在觀津，姓竇氏。廣國去時雖小，識其縣名及姓，又常與其姊採桑墮，用爲符信，上書自陳。竇皇后言之於文帝，召見，問之，具言其故，果是。又復問他何以爲驗？對曰：姊去我西時，與我決於傳舍中，丐沐沐我，請食飯我，乃去。」於是竇后持之而泣，泣涕交橫下。侍御左右皆伏地泣，助皇后悲哀。乃厚賜田宅金錢，封公昆弟，家於長安。絳侯、灌將軍等曰：「吾屬不死，命乃且縣此兩人。兩人所出微，不可不爲擇師傅賓客，又復效呂氏大事也。」於是乃選長者士之有節行者與居。竇長君、少君由此爲退讓君子，不敢以尊貴驕人。⑪

又如晏子以「枉則直」而贈曾子以善言。《晏子春秋》載曾子將行，晏子送之而贈以善言第廿三：

曾子將行，晏子送之曰：「君子贈人以軒，不若以言。吾請以言乎、以軒乎？」曾子曰：「請以言。」晏子曰：「今夫車輪，山之直木也。良匠煣之，其圓中規。雖有槁暴，不復嬴矣。故君子慎隱煣。和氏之璧，井里之困也。良工修之，則爲存國之寶。故君子慎所修。」⑫

欒枝以「窪則盈」而說文公以列地散財。晉文公時，翟人有獻封狐、文豹之皮者。文公喟然嘆曰：「封狐、文豹何罪哉？其皮之罪也。」大夫欒枝曰：「地廣而不平，財聚而不散，獨非狐豹之罪乎？」文公曰：「善哉！說之！」欒枝曰：「地廣而不平，人將平之。財聚而不散，人將爭之。」於是列地以分民，散財以賑貧。

又如咎犯以「窪則盈」而說文公以致師而戰。晉文公問政於咎犯，咎犯對曰：「分熟不如分腥，分腥不如分地，地割以分民而益其爵祿，是以上得地而民知富，上失地而民知貧，古之所謂致師而戰者，其斯之謂乎？」

趙簡子以「敝則新」言美下輕上之非。趙簡子謂左右車席泰美。夫冠雖賤，頭必戴之。履雖貴，足必履之，今車席如此泰美，吾將何以履之。夫美下而輕上，妨義之本也。

【附　注】

① 郭慶藩《莊子集釋》卷二中，〈人間世〉第四，頁一七〇—一七七。
② 葉程義《莊子寓言研究》，㉑〈櫟樹以不材而長壽〉，頁一〇二—一〇三。
③ 同注①，頁一八〇—一八六。
④ 同注②，㉔〈楚狂接輿之歌〉，頁一〇五。
⑤ 同注①，卷二下，〈德充符〉第五，頁二一六—二一七。
⑥ 同注②，㉙〈靈桓悅醜者視全人〉，頁一一二。
⑦《史記·五帝本紀》第一，卷一，頁三〇。

⑧同上，〈滑稽列傳〉第六十六，卷一二六，頁三二〇四。

⑨《三國志・蜀書・簡雍傳》第八，卷三十八，頁九七一。

⑩《晏子春秋》卷一，〈內篇諫上〉第一，頁三四—三六。（台北市，世界書局，民國六十一年，新編《諸子集成》第六冊。）

⑪《史記・外戚世家》第十九，卷四十九，頁一九七三—一九七四。

⑫同注⑩卷五，〈內篇雜上〉第五，頁一四二—一四三。

二十三章

希言自然。故飄風不終朝，驟雨不終日。孰為此者？天地。天地尚不能久，而況於人乎！故從事於道者，同於道；①德者，同於德；失者，同於失。同於道者，道亦樂得之；同於德者，德亦樂得之；同於失者，失亦樂得之。信不足焉，有不信焉。

本章主旨在闡述爲政之道，順乎自然，處無爲之事，行不言之教也。其大意爲：大道無言，順應自然。狂風暴雨，震驚一時，旋即寧息，此乃天道失常，造出不自然之現象。天地尚且不能長久，而何況人類反常之謬論，狂妄喧囂，譁衆取寵，豈能長久乎？是故，從道之人，則合於道；崇德之人，則合於德；不崇尚道德之人，則失於道德；契合於道德者，道德亦樂意與之相得；喪失道德者，罪惡憂患亦如影隨形。信道不堅者，則喪失道德，縱善爲辨說，花言巧語，亦不能取信於人也。

飄風不終朝者，《莊子・齊物論》云：

夫大塊噫氣，其名爲風。是唯無作，作則萬竅怒呺。而獨不聞之翏翏乎？山林之畏佳，大木百圍之竅穴，似鼻，似口，似耳，似枅，似圈，似臼，似洼者，似污者；激者，謞者，叱者，吸者，叫者，譹者，宎者，咬者，前者唱于而隨者唱喁。泠風則小和，飄風則大和，厲風濟則衆竅爲虛。而獨不見之調調，之刀刀乎？②

驟雨不終日者，如項羽暴起暴落是也。《史記・項羽本紀》云：

太史公曰：吾聞之周生曰：「舜目蓋重瞳子，」又聞項羽亦重瞳子。羽豈其苗裔邪？何興之暴也！夫秦失其政，陳涉首難，豪傑蜂起，相與並爭，不可勝數。然羽非有尺寸乘勢，起隴畝之中，三年，遂將五諸侯滅秦，分裂天下，而封王侯，政由羽出，號爲「霸王」，位雖不終，近古以來未嘗有也。及羽背關懷楚，放逐義帝而自立，怨王侯叛己，難矣。自矜功伐，奮其私智而不師古，謂霸王之業，欲以力征經營天下，五年卒亡其國，身死東城，尚不覺寤而不自責，過矣。乃引「天亡我，非用兵之罪也」，豈不謬哉！③

《易・乾・文言》云：「同聲相應，同氣相求，水流濕，火就燥，雲從龍，風從虎。」故老子曰：「同於道者，道亦樂得之；同於德者，德亦樂得之；同於失者，失亦樂得之。」此同類相感，物以類聚是也。郭隗以市馬之喻說燕昭王而得賢才之法也。《戰國策・燕策一》〈燕昭王收破燕後即位〉章云：

昭王曰：「寡人將誰朝而可？」郭隗先生曰：「臣聞古之君人，有以千金求千里馬者，三年不能得。涓人言於君曰：『請求之。』君遣之。三月得千里馬，馬已死，買其首五百金，反以報君。君大怒曰：『所求者生馬，安事死馬而捐五百金？』涓人對曰：『死馬且買之五百金，況生馬乎？天下必以王爲能市馬，馬今至矣。』於是不能期年，千里之馬至者三。今王誠欲致士，先以隗始；隗且見事，況賢於隗者乎？豈遠千里哉？」於是昭王爲隗築宮而師之。樂毅自魏往，鄒衍自齊往，劇辛自趙往，士爭湊燕。④

汗明以伯樂善相馬爲喻，寓知遇之難也。《戰國策・楚策四》〈汗明見春申君〉章云：

汗明曰：「君亦聞驥乎？夫驥之齒至矣，服鹽車而上太行。蹄申膝折，尾湛胕潰，漉汁灑地，白汗交流，中阪遷延，負轅不能上。伯樂遭之，下車攀而哭之，解紵衣以冪之。驥於是俛而噴，仰而鳴，聲達於天，若出金石聲者，何也？彼見伯樂之知己也。今僕之不肖，阨於州部，堀穴窮巷，沉洿鄙俗之日久矣，君獨無意湔、拔僕也，使得爲君高鳴屈於梁乎？」⑤

故韓文公感慨系之，其〈雜說〉四云：

世有伯樂，然後有千里馬。千里馬常有，而伯樂不常有。故雖有名馬，祇辱於奴隸人之手，駢死於槽櫪之間，不以千里稱也。馬之千里者，一食或盡粟一石。食馬者，不知其能千里而食也。是馬也，雖有千里之能，食不飽，力不足，才美不外見，且欲與常馬等不可得，安求其能千里也。策之不以其道，食之不能盡其材，鳴之不能通其意，執策而臨之曰：「天下無馬」。嗚呼！其真無馬矣？其真不知馬也！⑥

韓愈復以「雲從龍」爲喻，以龍比聖君，以雲比賢臣。寓賢臣固不可無聖君，而聖君尤不可無賢臣，相得則益彰也。其〈雜說〉一云：

龍噓氣成雲。雲固弗靈於龍也，然龍乘是氣，茫洋窮乎玄間，薄日月，伏光景，感震電，神變化，水下土，汩陵谷：雲亦靈怪矣哉。雲，龍之所能使爲靈也。若龍之靈，則非雲之所能使爲靈也。然龍弗得雲，無以神其靈矣。失其所憑依，信不可歟。異哉！其所憑依，乃其所自爲也。易曰：「雲從龍。」既曰：「龍，雲從之矣。」⑦

由下所述，郭隗市馬，伯樂相馬，以及韓愈「千里馬」、「雲從龍」諸說之喻，可得老子「道德失樂」之義蘊矣。

【附　注】

① 許抗生《帛書老子注譯與研究》注⑤，頁一一二，乙本作「故從事而道者同於道」，今從之。程義案：王弼本作「故從事於道者，道者同於道。」疑涉上文而衍，當據帛書本刪之。

② 郭慶藩《莊子集釋》卷一下，〈齊物論〉第二，頁四五—四六。

③ 《史記・項羽本紀》第七，卷七，頁三三八—三三九。

④ 《戰國策・燕策》卷二十九，頁一〇六五—一〇六六。（台北市，里仁書局，民國七十一年。）

⑤ 馬其旭校注《韓昌黎文集》第一卷，〈賦・雜著・雜說四首〉，頁二〇。（台北市，河洛出版社，民國六十四年，夏學叢書。）

⑥ 同注④，〈楚策〉卷十七，頁五七三。

⑦ 同注⑤，頁一九。

二十四章

企者不立，跨者不行。自見者不明，自是者不彰，自伐者無功，自矜者不長；其在道也，曰餘食贅行。物或惡之，故有道者不處。

本章旨在闡述處世行事，順乎自然，依據正道，實踐篤行。其大意爲：舉踵企立，欲高於他人，然而站立不穩，醜態畢露；併步跨行，欲速於他人，然而步履艱辛，尴尬難堪。是故，自我表現者，反而不能昭明；自以爲是者，反而不能顯著；自我誇耀者，反而徒勞無功；自大自滿者，反而不能長久。此等行爲，於道而言，猶如飯渣殘羹，駢拇贅瘤。庶人尚且厭惡，何況有道之士？故不爲也。

自見者不明？《莊子·庚桑楚》云：

券內者，行乎無名；券外者，志乎期費。行乎無名者，唯庸有光；志乎期費者，唯賈人也，人見其跂，猶之魁然。與物窮者，物入焉；與物且者，其身之不能容，焉能容人！不能容人者無親，無親者盡人。兵莫憯於志，鏌鎁爲下；寇莫大於陰陽，無所逃於天地之間。非陰陽賊之，心則使之也。①

自是者不彰，《莊子·山木》云：

陽子之宋，宿於逆旅。逆旅人有妾二人，其一人美，其一人惡，惡者貴而美者賤。陽子問其故，逆旅小子對曰：「其美者自美，吾不知其美也；其惡者自惡，吾不其惡也。」陽子曰：「弟子記之！行賢而去自賢之行，安往而不愛哉！」②

借陽子與逆旅小子對話，以美醜二妾爲喻，言行賢而去自賢之行。夫美醜二妾，美者因美而驕傲，則失其美矣；醜者因醜而謙卑，別掩其醜矣。宇宙事物，豈惟美醜，萬事皆然也。莊生美學觀點，不以外形而定其美醜，而以內在之美爲重也。③

自伐者無功，《莊子．山木》云：

孔子圍於陳蔡之間，七日不火食。太公任往弔之曰：「子幾死乎？」曰：「然。」「子惡死乎？」曰：「然。」任曰：「予嘗言不死之道。東海有鳥焉，其名曰意怠。其爲鳥也，翂翂翐翐，而似無能；引援而飛，迫脅而棲；進不敢爲前，退不敢爲後；食不敢先嘗，必取其緒。是故其行列不斥，而外人卒不得害，是以免於患。直木先伐，甘井先竭。子其意者飾知以驚愚，脩身以明汙，昭昭乎如揭日月而行，故不免也。昔吾聞之大成之人曰：『自伐者無功，功成者墮，名成者虧。』孰能去功與名而還與衆人！道流而不明，居得行而不名處；純純常常，乃比於狂；削跡捐勢，不爲功名，是故無責於人，人亦無責焉。至人不聞，子何喜哉？」孔子曰：「善哉！」辭其交遊，去其弟子，逃於大澤；衣裘褐，食杼栗；入獸不亂群，入鳥不亂行。鳥獸不惡，而況人乎！④

借重孔子與太任公之對話，以東海之鳥爲喻，言不死之道，唯有去功與名。夫東海之鳥，不敢爲天下先，故能免患，而直木先伐，甘井先竭，豐狐文豹，鹿角象牙，皆若世間之功名利祿，有則患之，應若去水火然，速避免禍，方能達養生之道。⑤

其在道也，曰餘食贅行。物或惡之，故有道者不處。《莊子・駢拇》云：

駢拇枝指，出乎性哉！而侈於德。附贅縣疣，出乎形哉！而侈於性。多方乎仁義而用之者，列於五藏哉！而非道德之正也。是故駢於足者，連無用之肉也；枝於手者，樹無用之指也；多方駢枝於五藏之情者，淫僻於仁義之行，而多方於聰明之用也。是故，駢於明者，亂五色，淫文章，青黃黼黻之煌煌非乎？而離朱是已。多於聰者，亂五聲，淫六律，金石絲竹黃鐘大呂之聲非乎？而師曠是已。枝於仁者，擢德塞性以收名聲，使天下簧鼓以奉不及之法非乎？而曾史是已。駢於辯者，纍瓦結繩竄句，遊心於堅白同異之間，而敝跬譽無用之言非乎？而楊墨是已。故此皆多駢旁枝之道，非天下之至正也。……且夫屬其性乎仁義者，雖通如曾史，非吾所謂臧也；屬其性於五味，雖通如俞兒，非吾所謂臧也；屬其性乎五聲，雖通如師曠，非吾所謂聰也；屬其性乎五色，雖通如離朱，非吾所謂明也；吾所謂臧者，非仁義之謂也，臧於其德而已矣；吾所謂臧者，非所謂仁義之謂也，任其性命之情而已矣；吾所謂聰者，非謂其聞彼也，自聞而已矣；吾所謂明者，非謂其見彼也，自見而已矣。夫不自見而見彼，不自得而得彼者，是得人之得而不自得其得者也，適人之適而不自適其適者也。夫適人之適而不自適其適，雖盜跖與伯夷，是同爲淫僻也。余愧乎道德，是以上不敢爲仁義之操，而下不敢爲淫僻之行也。⑥

苻堅之自見、自是、自伐、自矜，而謂投鞭可斷流，終趨滅亡，此有道者不處也。其相王猛臨終曰：「晉雖僻陋吳越，乃正朔相承。親仁善鄰，國之寶也。臣沒之後，願不以晉爲圖。鮮卑、羌虜，我之仇也，終爲人患，宜漸除之，以便社稷。」⑦惜堅既忘其言，又不從群臣譎諫，先嘗肥水之敗，後遭羌族姚萇之俘，縊死佛寺，何其悲哉！《晉書・苻堅載記下》云：

堅曰：「吾聞武王伐紂，逆歲犯星。天道幽遠，未可知也。昔夫差威陵上國，而爲句踐所滅。仲謀澤洽全吳，孫皓因三代之業，龍驤一呼，君臣面縛，雖有長江，其能固乎！以吾之衆旅，投鞭於江，足斷其流。」越曰：「臣聞紂爲無道，天下患之。夫差淫虐，孫皓昏暴，衆叛親離，所以敗也。今晉雖無德，未有斯罪，深願厲兵積粟以待天時。」群臣各有異同，庭議者久之。堅曰：「所謂築室于道，沮計萬端，吾當內斷於心矣。」群臣出後，獨留苻融議之。堅曰：自古大事，定策者一兩人而已，群議紛紛，徒亂人意，吾當與汝決之。」融曰：「歲鎮在斗牛，吳越之福，不可以伐，一也。晉主休明，朝臣用命，不可以伐，二也。我數戰，兵疲將倦，有憚敵之意，不可以伐，三也。諸言不可者，策之上也，願陛下納之。」堅作色曰：「汝復如此，天下之事，吾當誰與言之！今有衆百萬，資仗如山，吾雖未稱令主，亦不爲闇劣。以累捷之威，擊垂亡之寇，何不克之有乎！吾終不以賊遺子孫，爲宗廟社稷之憂也。」融泣曰：「吳之不可伐昭然，虛勞大舉，必無功而反。臣之所憂，非此而已。陛下寵育鮮卑、羌、羯，布諸畿甸，舊人族類，斥徙遐方。今傾國而去，如有風塵之變者，其如宗廟何！監國以弱卒數萬留守京師，鮮卑、羌、羯攢聚如林，此皆國之賊也，我之仇也。臣恐非但徒返而已，亦未必萬全。臣智識愚淺，誠不足採；王景略一時奇士，陛下每擬之孔明，其臨終之言，不可忘也。」堅不納。……堅遣其尚書朱序說石等以衆盛，欲脅而降之。序詭謂石曰：「若秦百萬之衆皆至，則莫可敵也。及其衆軍未集，宜在速戰。若挫其前鋒，可以得志。」石聞堅在壽春也，懼，謀不戰以疲之。謝琰勸從序言，遣使請戰，許之。時張蚝敗謝石於肥南，謝玄、謝琰勒卒數萬，陣以待之。蚝乃退，列陣逼肥水。王師不得渡，遣使謂融曰：「君懸軍深入，置陣逼水，此持久之計，豈欲戰者乎？若小退師，令將士周旋，僕與君公緩轡而觀之，不亦美乎！」融於是麾軍卻陣，欲因其濟水，覆而取之。軍遂奔退，制之不可止。融馳騎略陣，馬倒被殺，軍遂大敗。王師乘勝追擊，至於青岡，死者相枕。堅爲流矢所中，單騎遁還於淮北，飢甚，人有進壺飧豚髀者，堅食之，大悅，曰：「昔公孫豆粥何以加也！命賜帛十匹，綿十斤。辭曰：『臣聞白龍厭天池之樂而見困豫且，陛下目所睹也，耳所聞也。』今蒙塵之難，豈自天乎！且妄施不爲惠，妄受不爲忠。陛下，臣之父母也，安有子養而求報哉！』弗顧而退。堅大慚，顧謂其夫人張氏曰：「朕若用朝臣之言，豈見今日之事邪！當何面目復臨天下乎？」潸然流涕而去。聞風聲鶴唳，皆謂晉師之至。其僕射張天錫、尚書朱序及徐元喜等皆歸順。初，諺言「堅不出項」，群臣勸堅停項，爲六軍聲鎮，堅不從，故敗。……堅至五將山，姚萇遣將軍吴忠圍之。堅衆奔散，獨侍御十數人而已。神色自若，坐而待之，召宰人進食。俄而忠至，執堅以歸新平，幽之於別室。萇求傳國璽於堅曰：「萇次膺符曆，可以爲惠。」堅瞋目叱之曰：「小羌乃敢干逼天子，豈以傳國璽授汝羌也。圖緯符命，何所依據？五胡次序，無汝羌名。違天不祥，其能久乎！璽已送晉，不可得也。」萇又遣尹緯說堅，求爲堯舜禪代之事。堅責緯曰：「禪代者，聖賢之事。姚萇叛賊，奈何擬之古人！」堅既不許萇以禪代，罵而求死，萇乃縊堅於新平佛寺中，時年四十八。中山公詵及張夫人並自殺。是歲，太元十年也。⑧

由上所述，苻堅自伐自矜，投鞭可斷流，終遭敗亡，慘死於佛寺，何其哀哉！老子所謂「自伐者無功，自矜者不長。」誠不我欺也。

【附　注】

① 郭慶藩《莊子集釋》卷八上，〈庚桑楚〉第二十三，頁七九五。
② 同上，卷七上，〈山木〉第二十，頁六九九—七〇〇。
③ 葉程義《莊子寓言研究》，⒃〈美醜二妾〉，頁一九七—一九八。
④ 同注①，卷七上，〈山木〉第二十，頁六七九—六八三。
⑤ 同注②，⒁〈甘井先竭〉，頁一九二。
⑥ 同注①，卷四上，〈駢拇〉第八，頁三一一—三一七。
⑦《晉書・載記》第十四，〈苻堅〉下，卷一一四，頁二九三三。
⑧ 同上，頁二九一二—二九二九。

二十五章

有物混成，先天地生。寂兮寥兮，獨立不改，周行而不殆，可以為天下母。吾不知其名，字之曰道。強為之名，曰大。大曰逝，逝曰遠，遠曰反。故道大、天大、地大、人亦大。域中有四大，而人居其一焉。①人法地，地法天，天法道，道法自然。

本章主旨在闡述道爲四大之母，其大意爲：有一物焉，渾然一理，未有天地，自古固存。聽之無聲，視之無形，廓然無偶，獨立長存，永久不變。無時不有，無所不在，周而復始，循環不息，宇宙事物，皆由之而生，故可稱爲天地萬物之根源。余誠難理解其名稱，不得已謂之曰道，勉強稱之爲大。以空間言：廣大無邊，無所不至。以時間言：自古至今，運行不息。充滿時空，無所不在，歸本還原，返樸歸眞。職是之故，道生萬物，故極偉大。其次以天爲偉大，其次以地爲偉大，其次以人爲偉大。宇宙中有天地人道四大，人爲四大之一。地無私載，人應法地之無私；天無私覆，地應法天之無私；道則生而不有，長而不宰，故天應法道之無私；道則效法自然無爲之理。

寂兮窮兮，獨立不改，周行不殆者，《莊子·天運》云：

天其運乎？地其處乎？日月其爭於所乎？孰主張是？孰維綱是？孰居無事推而行是？意者其有機緘而不得已邪？意者其運轉而不能自止邪？雲者爲雨乎？雨者爲雲乎？孰隆施是？孰居無事淫樂而勸

是？風起北方，一西一東，有上彷徨，孰噓吸是？孰居無事而披拂是？敢問何故？」巫咸袑曰：「來！吾語女。天有六極五常，帝王順之則治，逆之則凶。九洛之事，治成德備，監照下土，天下戴之，此謂上皇。」……故有焱氏爲之頌曰：『聽之不聞其聲，視之不見其形，充滿天地，苞裹六極』。②

夫天地運行，日月輪轉，雲雨風化，爲六合五行，自然之象，順治逆凶，爲政之道也。莊子於天地宇宙之觀念，頗合今日之自然科學思想，已無天帝鬼神之迷信色彩，可見神權思想已漸趨沒落矣！③

字之曰道，強爲之名曰大者《莊子・則陽》云：

少知曰：「然則謂之道，足乎？」大公調曰：「不然。今計物之數，不止於萬，而期曰萬物者，以數之多者號而讀之也。是故天地者，形之大者也；陰陽者，氣之大者也；道者爲之公。因其大以號而讀之則可也，己有之矣，乃將得比哉！則若以斯辯，譬猶狗馬，其不及遠矣。」少知曰：「四方之內，六合之裡，萬物之所生惡起？」大公調曰：「陰陽相照相蓋相治，四時相代相生相殺，欲惡去就於是橋起，雌雄片合於是庸有。安危相易，禍福相生，緩急相摩，聚散以成。此名實之可紀，精微之可志也。隨序之相理，橋運之相使，窮則反，終則始。此物之所有，言之所盡，知之所至，極物而已。睹道之人，不隨其所廢，不原其所其起，此議之所止。」④

夫道無所不在，宇宙萬物均有其道，犬馬山澤木石百材雖有其道，然究非道之整體也。豈可以偏概全？如瞎子摸象，所見究非全象也。⑤復言宇宙事理，禍福相生，循環不已。夫物有形，而道無形；前者俗眼所可及，而後者則非矣。⑥

大曰逝，逝曰遠，遠曰反者，言至道周悉普遍，咸皆有道。《莊子・知北遊》云：

周徧咸三者，異名同實，其指一也。嘗相與游乎無何有之宮，同合而論，無所終窮乎！嘗相與無爲乎！澹而靜乎！漠而清乎！調而閒乎！寥已吾志，無往焉而不知其所至，去而來而不知其所止，吾已往來焉而不知其所終；彷徨乎馮閎，大知入焉而不知其所窮。物物者與物無際，而物有際者，所謂物際者也；不際之際，際之不際者也。謂盈虛衰殺，彼爲盈虛非盈虛，彼爲衰殺非衰殺，彼爲本末非本末，彼爲積散非積散也。⑦

老子思想，既非唯心，亦非唯物，應爲「心物一元」，故曰有物混成，先天地生，其源自易經。南朝梁武帝時，禪宗大師傅翕禪師悟道偈云：「有物先天地，無形本寂寥，能爲萬象主，不逐四時凋。」此與老子思想，不謀而合。《指月錄》卷十二載，潭州潙山靈祐禪師事蹟，「論無心是道」云：

嘗有一僧問：「如何是道？」師曰：「無心是道。」曰：「某甲不會。」師曰：「會取不會底好。」曰：「如何是不會底。」師曰：「祇汝是，不是別人。」復曰：「今時人但直下體取不會底，正是汝心，正是汝佛。若向外得一知一解，將爲禪道，且沒交涉，名運糞入，不名運糞出，汙汝心田，所以道不是道。」⑧

《指月錄》卷十二載，潙山靈祐禪師上堂，（以水牛妙喻）：

「老僧百年後，向山下作一頭水牯牛，左脇下書五字曰：『潙山僧某甲』。當恁麼時，喚作潙山僧，又是水牯牛？喚作水牯牛，又是溈山僧？畢竟喚作甚麼即得？」仰山出，禮拜而退。芭蕉徹乃述偈曰：「不是溈山不是牛，一身兩號實難酬；離卻兩頭應須道，如何道得出常流！」⑨

《指月錄》卷二十八載，「五祖法演禪師，（以老婆妙喻）：

有俗士投師出家，自曰捨緣。師曰：「何謂捨緣？」士曰：「有妻子捨之，謂之捨緣。」師曰：「我也有個老婆，還信否？」士默然。師乃頌曰：「我有個老婆，出世無人見；晝夜共一處，自然有方便。」⑩

《指月錄》卷二十八又載，法演禪師（以獄卒竊賊妙喻）：

法演禪師嘗云：「三乘人出三界獄，小果必藉方便，如穴地穿壁，取自天窗中出。惟得道菩薩，從初入地獄，先與獄子不相疑，一切如常。一日寫信去，覓得酒肉，與獄子喫，至大醉，取獄子衣服行纏，結束自身，卻將自己破衣服，與獄子著，移枷在獄子項上，坐在牢裡，卻自手捉獄子藤條，公然從大門出去。參禪人，須是恁麼始得？」師曰：「我這裏禪，似個甚麼？如人家會作賊。有一兒子，一日云：『我爺老後，我卻如何養家？須學個事業始得。』遂白其爺。爺云：『好得。』一夜引至巨室，穿窬入宅開櫃，乃教兒子入其中取衣帛，兒纔入櫃，爺便閉卻復鎖了，故於廳上扣打，令其家驚覺，乃先尋穿窬而去。其家人即時起來，點火燭之，知有賊，但已去了。其賊兒在櫃中，私自語曰：『我爺何故如此？』正悶悶中，卻得一計，作鼠齩聲。其家遣婢點燈開櫃，櫃纔開了，賊兒聳身吹滅燈，推倒婢走出。其家人趕至中路，賊兒忽見一井，乃推巨石投井中，其人卻於井中覓賊。兒直走歸家問爺，爺云：『你休說，你怎生得出？』兒具說上件意。爺云：『你恁麼儘做得？』師垂語曰：『譬如水牯牛過窗櫺，頭角四蹄都過了，因甚尾巴過不得？』月林觀頌云：「牛過窗櫺，錯爲安名；大唐國裡，不見一人。」高峰妙頌云：「等閑放出這牛兒，頭角分明舉似誰？若向尾巴尖上會，新羅鷂子過多時。」師一日持錫遶廊曰：「莫有屬牛人問命麼？」衆皆無語。師乃曰：「孫殯今日開鋪，更無一人垂顧；可憐三尺龍鬚，喚作尋常破布！」⑪

按靈祐與水牛，法演與老婆，菩薩與獄卒，賊爺與賊兒，水牛與尾巴，龍鬚與破布，此皆心物之喻，箇中道理，如能領悟，則得其三昧矣！

【附　注】

① 吳承志《橫陽札記》卷七曰：據大部：「大：天大，地大，人亦大，故大象人形。」許所據古本，「王」作「人」。證以下文：「人法地，地法天，天法道。」作「人」是矣。「人」古文作「三」，是以讀者或誤爲「王」。王弼注云：「天地之性人爲貴，而王是人之主也。雖不職大，亦復爲大，與三匹，故曰王亦大也。」說殊迂曲。程義案：奚同、陳柱亦主是說，今從之。唯蔣錫昌否之。（《老子校詁》二十五章，頁一七二。四川，成都古籍書店，一九八八年，據上海商務印書館版本影印。）

② 郭慶藩《莊子集釋》卷五下，〈天運〉第十四，頁四九三—五〇八。

③ 葉程義《莊子寓言研究》，(65)〈巫咸祒論爲政〉，頁一五一。

④同注②，〈則陽〉第二十五，頁九一三—九一四。
⑤同注③，⒇〈丘里之言〉，頁二四五。
⑥同上，⒈〈物種原始〉，頁二四六。
⑦同注②，〈知北遊〉第二十二，頁七五〇—七五二。
⑧《指月錄》卷十二，頁三五二下。（台北市，佛教出版社，民國七十二年，《佛教大藏經》第一五六冊。）
⑨同上，頁三五七上。
⑩同上，卷二十八，頁七九六上。
⑪同上，頁七九九下—八〇〇下。

二十六章

重為輕根，靜為躁君。是以聖人終日行不離輜重，雖有榮觀，燕處超然。奈何萬乘之主，而以身輕天下？輕則失根，①躁則失君。

本章主旨在闡述以重御輕，以靜制動之自然理則，以明立身處世之道也。其大意爲：重爲輕之根基，靜爲動之主宰。是故，聖人始終之行動，持重守靜，任重道遠，猶如軍旅，朝夕輜車隨從，有備無患。雖處巍峨華麗之宮闕，不忘居安思危，樂不思蜀，故能超然物外，悠然自得。爲何以萬乘大國之君主，而以個人之權利爲重，以天下之大事爲輕，貴君賤民，輕重顚倒，舍本逐末，必至失敗。心浮氣躁，行爲乖戾，方寸大亂，必然憤事。

雖有榮觀，燕處超然者。《莊子·齊物論》云：

吾聞諸夫子，聖人不從事於務，不就利，不違害，不喜求，不緣道；無謂有謂，有謂無謂，而遊乎塵垢之外。夫子以爲孟浪之言，而我以爲妙道之行也。吾子以爲奚若？②

燕處若不超然物外，則囿於物者。《莊子·徐無鬼》云：

知士無思慮之變則不樂，辯士無談說之序則不樂，察士無凌誶之事則不樂，皆囿於物者也。招世之士興朝，中民之士榮官，筋力之士矜難，勇敢之士奮患，兵革之士樂戰，枯槁之士宿名，法律之士廣治，禮教之士敬容，仁義之士貴際。農夫無草　之事則不比，商賈無市井之事則不比。庶人有旦暮之業則勸，百工有器械之巧則壯。錢財不積則貪者憂，權勢不尤則夸者悲。勢物之徒樂變，遭時有所用，不能無爲也。此皆順比於歲，不物於易者也，馳其形性，潛之萬物，終身不反，悲夫！③

奈何萬乘之主，而以身輕天下者。《莊子・讓王》云：

韓魏相與爭侵地。子華子見昭僖侯，昭僖侯有憂色。子華子曰：「今使天下書銘於君之前，書之言曰：『左手攫之則右手廢，右手攫之則左手廢，然而攫之者必有天下。』君能攫之乎？」昭僖侯曰：「寡人不攫也。」子華子曰：「甚善！自是觀之，兩臂重於天下也，身亦重於兩臂。韓之輕於天下亦遠矣，今之所爭者，其輕於韓又遠。君固愁身傷生以憂戚不得也！」僖侯曰：「善哉！教寡人者衆矣，未嘗得聞此言也。」子華子可謂知輕重矣。④

借子華子與昭僖侯對話，以韓魏爭相侵地，殘殺生命，舉兩臂重於天下爲喻，說明重生之義。人若賺得全世界，而賠上生命，又有何義矣？夫身重於兩臂，兩臂重於天下，爲取天下而傷身，何其愚也！⑤故明楠堂禪師詩云：「人生不滿一百歲，今是昨非無定名。天下由來輕兩臂，世間何故重連城？龍亡大澤群鰌舞，兔盡平原走狗烹。滿月亂坡眠白石，有時特地憶初平。」

重爲輕根，靜爲躁君者。例如淝水之戰，前秦苻堅輕浮，東晉謝安穩重；苻堅急躁，謝安寧靜；苻堅以投鞭可斷流之豪語，落得風聲鶴唳，草木皆兵之下場，何其哀哉！《晉書・謝安傳》云：

時苻堅強盛，強場多虞，諸將敗退相繼。安遣弟石及兄子玄等應機征討，所在克捷。拜衛將軍，開府儀同三司，封建昌縣公。堅後率衆，號百萬，次于淮肥，京師震恐。加安征討大都督。玄入問計，安夷然無懼色，答曰：「已別有旨。」既而寂然。玄不敢復言，乃令張玄重請。安遂命駕出山墅，親朋畢集，方與玄圍棋賭別墅。安常棋劣於玄，是日玄懼，便爲敵手而又不勝。安顧謂其甥羊曇曰：「以墅乞汝。」安遂游涉，至夜乃還，指授將帥，各當其任。玄等既破堅，有驛書至，安方對客圍棋，看書既竟，便攝放床上，了無喜色，棋如故。客問之，徐答云：「小兒輩遂已破賊。」既罷，還內，過戶限，心喜甚，不覺屐齒之折，其矯情鎮物如此。以總統功，進拜太保。⑥

《晉書·載記》一四〈苻堅下〉云：

堅曰：「吾聞武王伐紂，逆歲犯星。天道幽遠，未可知也。昔夫差威陵上國，而爲句踐所滅。仲謀澤洽全吳，孫皓因三代之業，龍驤一呼，君臣面縛，雖有長江，其能固乎！以吾之衆旅，投鞭於江，足斷其流！」……堅南游灞上，從容謂群臣曰：「軒轅，大聖也，其仁若天，其智若神，猶隨不順者從而征之，居無常所，以兵爲衛，故能日月所照，風雨所至，莫不率從。今天下垂平，惟東南未殄。朕忝荷大業，巨責攸歸，豈敢優游卒歲，不建大同之業！每思桓温之寇也，江東不可不滅。今有勁卒百萬，文武如林，鼓行而摧遺晉，若商風之隕秋籜。朝廷內外，皆言不可，吾實未解所由。晉武若信朝士之言而不征吳者，天下何由一軌！吾計決矣，不復與諸卿議也。」……時張蚝敗謝石於肥南，謝玄、謝琰勒卒數萬，陣以待之。蚝乃退，列陣逼肥水。王師不得渡，遣使謂融曰：「君懸軍深入，置陣逼水，此持久之計。豈欲戰者乎？若小退師，令將士周旋，僕與君公緩轡而觀之，不亦美乎！」融於是麾軍卻陣，欲因其濟水，覆而取之。軍遂奔退，制之不可止。融馳騎明陣，馬倒被殺，軍遂大敗。王師乘勝追擊，至於青岡，死者相枕。堅爲流矢所中，單騎遁還於淮北。……顧謂其夫人張氏曰：「朕若用朝臣之言，豈見今日之事邪！當何面目復臨天下乎？」潸然流涕而去。聞風聲鶴唳，皆謂晉師之至。⑦

雖有榮觀，燕處超然者，如范蠡不留戀於榮華富貴，功成身退，隱居江湖。《史記・貨殖列傳》云：范蠡既雪會稽之恥，乃喟然而歎曰：「計然之策七，越用其五而得意。既已施於國，吾欲用之家。」乃乘扁舟，浮於江湖，變名易姓，適齊爲鴟夷子皮，之陶爲朱公。朱公以爲陶天下之中，諸侯四通，貨物所交易也。乃治產積居，與時逐而不責於人。故善治生者，能擇人而任時。十九年之中三致千金，再分散與貧交疏昆弟。此所謂富好行其德者也。後年衰老而聽子孫，子孫脩業而息之，遂至巨萬。故言富者皆稱陶朱公。⑧

【附　注】

① 馬夷初曰：「輕」，「躁」義非絕異；「君」，「臣」不得對舉。今作「臣」者，後人據誤本老子改之耳。老子本作「根」，傳寫脫　成「木」，後人改爲「本」以就義。亦有作「艮」者，後人以形近改爲「臣」，以就下句之「君」家。其實以「根」韻「君」，下二句申上二句之義耳。程義案：馬說言之成理，今從之。（蔣錫昌《老子校詁》頁一七八）

②郭慶藩《莊子集釋》卷一下，〈齊物論〉第二，頁九七。
③同上，卷八中，〈徐無鬼〉第二十四，頁八三四—八三五。
④同上，卷九下，〈讓王〉第二十八，頁九六九—九七〇。
⑤葉程義《莊子寓言研究》，(166)〈子華子論輕重〉，頁二五八。
⑥《晉書·謝安傳》第四十九，卷七十九，頁二〇七四—二〇七五。
⑦同上，〈苻堅〉下，卷一一四，頁二九一二—二九一八。
⑧《史記·貨殖列傳》第六十九，卷一二九，頁三二五七。

二十七章

善行無轍跡，善言無瑕讁，善數不用籌策，善閉無關楗而不可開，善結無繩約而不可解。是以聖人常善救人，故無棄人；常善救物，故無棄物，是謂襲明。故善人者，不善人之師；不善人者，善人之資。不貴其師，不愛其資，雖智，大迷。是謂要妙。

本章主旨在闡述凡事順應宇宙事物自然之理則，亦即因事制宜，隨緣而行，大智若愚，以求其成者也。其大意爲：善於處事者，順乎自然，不露痕跡；善於言語者，不作花言巧語，故無過失；善於計算者，知足常樂，不須錙銖必較，操籌算而計盈絀；善於治民者，以德化民，無爲而治，人民愛戴，何用關楗設防？善於結納者，忠信誠愨，謙恭禮讓，縱使無所拘束，而民不叛離。是故，聖人仁民愛物，人盡其才，賢愚優劣，各遂其宜，故無遺棄之人；牛溲馬勃，皆得其用，故無捨棄之物。蓋以物明理，以理治事者，謂之「襲明」。所以善行善言之人，其道德學問，可爲不善人之師法；不善人之行爲，燕朋逆師，燕辟廢學，可爲善人之殷鑑。假使不善之人，不尊重善人，不肯從善；善人不愛惜不善之人，不願借鏡。如此之人，雖然自以爲才智過人，實則大惑不解。其間道理，至爲奧妙。

善行無轍跡者，如船過水無痕。《莊子·天地》云：

門無鬼與赤張滿稽觀於武王之師。赤張滿稽曰：「不及有虞氏乎！故離此患也。」門無鬼曰：「天下均治而有虞氏治之邪？其亂而後治之與？」赤張滿稽曰：「天下均治之爲願，而何計以有虞氏爲！有虞氏之藥瘍也，禿而施髢，病而求醫。孝子操藥以脩慈父，其色燋然，聖人羞之。至德之世，不尚賢，不使能；上如標枝，民如野鹿；端正而不知以爲義，相愛而不知以爲仁，實而不知以爲忠，當而不知以爲信，蠢動而相使，不以爲賜。是故行而無跡，事而無傳。」①

借門無鬼與赤張滿稽對話，言至德之世，人民相愛於自然之境。夫禿頭，才需戴假髮；有病，才需飲湯藥；天下混亂，才需仁義忠信以治民。故至德之世，行而無跡，事而無傳，毋須仁義忠信之治；猶健康之人，毋須湯藥之療也。②

善言無瑕讁，不善言則如跬譽者，邀一時之近譽也。《莊子・駢拇》云：駢於辯者，纍瓦結繩竄句，遊心於堅白同異之間，而敝跬譽無用之言非乎？而楊墨是已。③

若行之有轍跡者，則矯柔造作。若段干木踰垣而避魏文侯，泄柳閉門而拒魯繆公，雖不爭名利，自命清高，似嫌沽名釣譽矣。《孟子・滕文公下》云：

段干木踰牆而避之，泄柳閉門而不內，是皆已甚，迫，斯可以見矣。④

《史記・魏世家》云：

文侯受子夏經藝，客段干木，過其閭，未嘗不軾也。《正義云》：皇甫謐《高士傳》云：「木，晉人也，守道不仕。魏文侯欲見，造其門，干木踰牆避之。文侯以客禮待之，出過其閭而軾。其僕曰：『君何軾？』曰：『段干木賢者也，不趣勢利，懷君子之道，隱處窮巷，聲馳千里，吾安得勿軾！干木先乎德，寡人先乎勢；干木富乎義，寡人富乎財。勢不若德貴，財不若義高。』又請爲相，不肯。後卑己固請見，與語，文侯立倦不敢息。」《淮南子》云：「段干木，晉之大駔，而爲文侯師。」《呂氏春秋》云：「魏文侯見段干木，立倦而不敢息。及見翟璜，踞於堂而與之言。翟璜不悅。文侯曰：『段干木，官之則不肯，祿之則不受。今汝欲官則相至，欲祿則上卿至，既受吾賞，又責吾禮，無乃難乎？』」⑤

善結無繩約而不可解者，《莊子・駢拇》云：

且夫待鉤繩規矩而正者，是削其性者也；待繩約膠漆而固者，是侵其德者也；屈折禮樂，呴俞仁義，以慰天下之心者，此失其常然也。天下有常然。常然者，曲者不以鉤，直者不以繩，圓者不以規，方者不以矩，附離不以膠漆，約束不以纆索。故天下誘然皆生而不知其所以生，同焉皆得而不知其所以得。故古今不二，不可虧也。則仁義又奚連連如膠漆纆索而遊乎道德之間爲哉，使天下惑也！⑥

聖人常善救人，而無棄人者，《莊子・德充符》云：

申徒嘉，兀者也，而與鄭子產同師於伯昏無人。子產謂申徒嘉曰：「我先出則子止，子先出則我止。」其明日，又與合堂同席而坐。子產謂申徒嘉曰：「我先出則子止。子先出則我止。今我將出，子可以止乎，其未邪？且子見執政而不違，子齊執政乎？」申徒嘉曰：「先生之門，固有執政焉如此哉？子而說子之執政而後人者也？聞之曰：『鑑明則塵垢不止，止則不明也。久與賢人處則無過。』今子之所取大者，先生也，而猶出言若是，不亦過乎！」子產曰：「子既若是矣，猶與堯爭善，計子之德不足以自反邪？」申徒嘉曰：「自狀其過以不當亡者衆，不狀其過以不當存者寡。知不可奈何而安之若命，唯有德者能之。遊於羿之彀中，中央者，中地也；然而不中者，命也。人以其全足笑吾不全足者多矣，我怫然而怒；而適先生之所，則廢然而反。不知先生之洗我以善邪？吾與夫子遊十九年矣，而未嘗知吾兀者也。今子與我遊於形骸之內，而子索我於形骸之外，不亦過乎！」子產蹴然改容更貌曰：「子無乃稱！」⑦

夫世間刑網，籠罩人類，猶處於羿之射鵠中，或不幸而中，或幸而不中，然而不中者命也。前者固不必有所怨尤，後者亦不可譏笑他人。應當安天任命，視軀殼爲寄寓，等富貴如浮雲，勿忘生命之本源，而惟內德之是多。夫今世庸俗之徒，如子產之羞與兀者同行者，比比皆是，而譏笑兀者，亦常有之，而殘骸之人，自慚形穢者，十之八九，然能如申徒嘉安之若命，子產之蹴然改容者，而有幾人哉！蓋如伯昏無人未嘗知申徒嘉爲兀者，則唯有莊子杜撰之筆下有之矣。⑧

〈德充符〉又云：

魯有兀者叔山無趾，踵見仲尼。仲尼曰：「子不謹，前既犯患若是矣。雖今來，何及矣！」無趾曰：「吾唯不知務而輕用吾身，吾是以無足。今吾來也，猶有尊足者存，吾是以務全之也。夫天無不覆，地無不載，吾以夫子爲天地，安知夫子之猶若是也！」孔子曰：「丘則陋矣。夫子胡不入乎，請講以所聞！」無趾出。孔子曰：「弟子勉之！夫無趾，兀者也，猶務學以復補前行之惡，而況全德之人乎！」無趾語老　曰：「孔丘之於至人，其未邪？彼何賓賓以學子爲？彼且蘄以諔詭幻怪之名聞，不知至人之以是爲己桎梏邪？」老　曰：「胡不直使彼以死生爲一條，以可不可爲一貫者，解其桎梏，其可乎？」無趾曰：「天刑之，安可解！」⑨

莊子杜撰無趾爲其代言人，說明無趾不惟重德輕身，而且生死可齊，是非善惡可忘，視名聞爲桎梏，與孔子之不忘現實，而侈談仁義者，爲強烈之對比。⑩

是謂襲明者，如庖丁之解牛，依乎天理，明其固然者是也。《莊子・養生主》云：

庖丁爲文惠君解牛，手乎之所觸，肩之所倚，足之所履，膝之所踦，砉然嚮然，奏刀騞然，莫不中音。合於桑林之舞，乃中經首之會。文惠君曰：「譆，善哉！技蓋至此乎？」庖丁釋刀對曰：「臣之所好者道也，進乎技矣。始臣之解牛之時，所見無非全牛者。三年之後，未嘗見全牛也。方今之時，臣以神遇而不以目視，官知止而神欲行。依乎天理，批大郤，道大窾，因其固然。技經肯綮之未嘗，而況大軱乎！良庖歲更刀，割也；族庖月更刀，折也。今臣之刀十九年矣，所解數千牛矣，而刀刃若新發於硎。彼節者有間，而刀刃者無厚；以無厚入有間，恢恢乎其於遊刃必有餘地矣，是以十九年而刀刃若新發於硎。雖然，每至於族，吾見其難爲，怵然爲戒，視爲止，行爲遲。動刀甚微，謋然已解，如土委地。提刀而立，爲之四顧，爲之躊躇滿志，善刀而藏之。」文惠君曰：「善哉！吾聞庖丁之言，得養生焉。」⑪

夫常人之所見，莫不全牛，爲宇宙事物之現象，亦即形而下之體；世人往往固執於耳目聞見之物體，而生好惡毀譽，不明其理，則喜怒哀樂之念起，終日奔走鑽營於名利之途，毀生傷身，有何養生之可言？庖丁解牛，不見全牛，心領神會，以悟其形成之理，批郤道窾，順乎自然之道，遊刃有餘，刀刃若新。莊子借牛之全身，喻囂攘塵世；以解牛之刀，喻作人身。刀之運用，喻處世之道，若解牛然，順乎自然，批郤導窾，躊躇滿志，善刀而藏。吾人處世，亦復如是，緣督爲經，與世無忤，勿以有涯之生，而求無涯之知，爲善爲惡，爭名逐利，庶幾全生保身，養親盡年矣。⑫

【附　注】

① 郭慶藩《莊子集釋》卷五上，〈天地〉第十二，頁四四三—四四五。
② 葉程義《莊子寓言研究》，(59)〈赤張滿稽論政〉，頁一四五。
③ 同注①，卷四上，〈駢拇〉第八，頁三一四。
④《孟子注疏》卷六下，〈滕文公〉下，頁一，總頁一一六。
⑤《史記·魏世家》第十四，卷四十四，頁一八三九。
⑥ 同注①，卷四上，〈駢拇〉第八，頁三二一。
⑦ 同注①，卷二下，〈德充符〉第五，頁一九六—二〇一。
⑧ 同注②，(36)〈子產羞與兀者同行〉，頁一〇八。
⑨ 同注①，〈德充符〉第五，頁二〇二—二〇五。

⑩同注②，(27)〈無趾以名聞爲桎梏〉，頁一〇九。
⑪同注①，卷二上，〈養生主〉第二，頁一一七—一二四。
⑫同注②，(14)〈庖丁解牛〉，頁九四。

二十八章

知其雄，守其雌，為天下谿。為天下谿，常德不離，復歸於嬰兒。知其白，守其黑，為天下式。為天下式，常德不忒，復歸於無極。知其榮，守其辱，為天下谷。為天下谷，常德乃足，復歸於樸。樸散則為器，聖人用之，則為官長。故大制不割。

本章主旨在闡述處世哲學，柔能克剛之理。其大意爲：明知俗人爭雄，追逐功名利祿，榮華富貴，如群蠅之逐臭，如飛蛾之撲火；而我則與世無爭，甘願雌伏，處於柔弱，固知剛則折，銳則鈍；柔能克剛，弱能勝強之理，作爲天下之谿壑，萬川歸之，虛懷若谷，有容乃大。順乎經常不變永恆之道，回返於赤子之心，純眞自然。明知俗人淺薄無知，自以爲明白通達，狂妄自大，災禍惹身；而我則大智若愚，闇然不顯，韜光養晦，寧於禍福，足可爲天下人處世之準則，如此則不失常道，返樸歸眞於無窮無盡之境界。明知俗人奔走鑽營爭取榮華富貴，而我則視之如浮雲，甘居卑賤，淡泊明志，作爲天下之谿谷，容忍一切榮辱。如此則常道充足不損，回返於純樸大道之境矣。渾沌純美之道體，而發揮爲樸實自然之器物，聖君以之爲治世之用，效法自然，設官分職，領導群倫，同心同德，無爲而治。職是之故，治國之大經大法，具體完美，如大道之渾然一體，不容割裂破壞，否則，弄巧成拙，自趨滅亡也。

知雄守雌，爲天下谿，常德不離，復歸於嬰兒者。《莊子・刻意》云：

聖人之生也天行，其死也物化；靜而與陰同德，動而與陽同波；不爲福先，不爲禍始；感而後應，迫而後動，不得已而後起。去知與故，循天之理。故無天災，無物累，無人非，無鬼責。其生若浮，其死若休。不思慮，不豫謀。光矣而不燿，信矣而不期。其寢不夢，其覺無憂。其神純粹，其魂不罷。虛無恬惔，乃合天德。①

知白守黑，爲天下式者，此即漆園所謂之葆光是也。《莊子・齊物論》云：

夫道未始有封，言未始有常，爲是而有畛也，請言其畛：有左，有右；有倫，有義；有分，有辯；有競，有爭，此之謂八德。六合之外，聖人存而不論；六合之內，聖人論而不議。春秋經世先王之志，聖人議而不辯。故分也者，有不分也；辯也者，有不辯也。曰：何也？聖人懷之，衆人辯之以相示也。故曰辯也者有不見也。夫大道不稱，大辯不言，大仁不仁，大廉不嗛，大勇不忮。道昭而不道，言辯而不及，仁常而不成，廉清而不信，勇忮而不成。五者　而幾向方矣，故知止其所不知，至矣。孰知不言之辯。不道之道？若有能知，此之謂天府。注焉而不滿，酌焉而不竭，而不知其所由來，此之謂葆光。②

知雄守雌，知榮守辱，爲天下谿谷者，《莊子・天下》云：

人皆取先，己獨取後，曰受天下之垢；人皆取實，己獨取虛，無藏也故有餘，巋然而有餘。其行身也，徐而不費，無爲也而笑巧；人皆求福，己獨曲全，曰苟免於咎。以深爲根，以約爲紀，曰堅則毀矣，銳則挫矣。常寬於物，不削於人，可謂至極。③

復歸於樸者，即漆園所謂反其眞也。《莊子・秋水》云：

曰：「何謂天？何謂人？」北海若曰：「牛馬四足，是謂天；落馬首，穿牛鼻，是謂人。故曰，無以人滅天，無以故滅命，無以得殉名。謹守而勿失，是謂反其真。」④

夫大制不割，割則如漆園所謂鑿竅而混沌死矣。《莊子・應帝王》云：

南海之帝爲儵，北海之帝爲忽，中央之帝爲混沌。儵與忽時相與遇於渾沌之地，渾沌待之甚善。儵與忽謀報渾沌之德，曰：人皆有七竅以視聽食息，此獨無有，嘗試鑿之。日鑿一竅，七日而渾沌死。⑤

儵忽渾沌者，乃杜撰人物，說明有爲而治，違反自然，於事無補，足以喪生，此喻揠苗助長，違反天性，愛之適以害之也。人類之愚蠢，有如儵忽者，比比皆是，自以爲聰明，實則一竅不通，故以此爲喻，當知老子「大智若愚」之言，而爲愓勵也。⑥

無爲而治，大制不割；有爲而治，則如伯樂治馬，陶匠埴木。《莊子・馬蹄》云：

馬，蹄可以踐霜雪，毛可以御風寒，齕草飲水，翹足而陸，此馬之真性也。雖有義臺路寢，無所用之。及至伯樂，曰：「我善治馬。」燒之，剔之，刻之，雒之，連之以羈馽，編之以皁棧，馬之死者十二三矣；飢之，渴之，馳之，驟之，整之，齊之，前有橛飾之患，而後有鞭筴之威，而馬之死者已過半矣。陶者曰：「我善治埴，圓者中規，方者中矩。」匠人曰：「我善治木，曲者中鉤，直者應繩。夫埴木之性，豈欲中規矩鉤繩哉？然且世世稱之曰「伯樂善治馬而陶匠善治埴木」，此亦治天下者之過也。⑦

首段言馬自由生活於原野爲其眞性，二段言伯樂自以爲善治馬，結果殘害馬之生命，三段言匠人自以爲善治木，結果殘害木之生命，四段言伯樂治馬，陶匠治木，亦猶君主之治天下也。⑧

夫吳王知雄，不知守雌，勿聽忠言，敗亡自刎。《史記・吳太伯世家》云：

越王句踐率其衆以朝吳，厚獻遺之，吳王喜。唯子胥懼，曰：「是棄吳也。」諫曰：「越在腹心，今得志於齊，猶石田，無所用。且盤庚之誥有顛越勿遺，商之以興。」吳王不聽，使子胥於齊，子胥屬其子於齊鮑氏，還報吳王。吳王聞之，大怒，賜子胥屬鏤之劍以死。將死，曰：「樹吾墓上以梓，令可爲器。抉吾眼置之吳東門，以觀越之滅吳也。」……二十三年十一月丁卯，越敗吳。越王句踐欲遷吳王夫差於甬東，予百家居之。吳王曰：「孤老矣，不能事君王也。吾悔不用子胥之言，自令陷此。」遂自剄死。越王滅吳，誅太宰嚭，以爲不忠，而歸。⑨

越王守雌，臥薪嘗膽，雪恥復國。《史記・越王句踐世家》云：

吳既赦越，越王句踐反國，乃苦身焦思，置膽於坐，坐臥即仰膽，飲食亦嘗膽也。曰：「女忘會稽之恥邪？」身自耕作，夫人自織，食不加肉，衣不重采，折節下賢人，厚遇賓客，振貧弔死，與百姓同其勞。……吳士民罷弊，輕銳盡死於齊、晉。而越大破吳，因而留圍之三年，吳師敗，越遂復棲吳王於姑蘇之山。吳王使公孫雄肉袒膝行而前，請成越王曰：「孤臣夫差敢布腹心，異日嘗得罪於會稽，夫差不敢逆命，得與君王成以歸。今君王舉玉趾而誅孤臣，孤臣唯命是聽，意者亦欲如會稽之赦孤臣之罪乎？」……句踐憐之，乃使人謂吳王曰：「吾置王甬東，君百家。」吳王謝曰：「吾老矣，不能事君王！」遂自殺。乃蔽其面，曰：「吾無面以見子胥也！」越王乃葬吳王而誅太宰嚭。⑩

夫知榮守辱，如唐婁師德唾面自乾之說。《唐書・婁師德傳》云：

其弟守代州，辭之官，教之耐事。弟曰：「人有唾面，絜之乃已。」師德曰：「未也。絜之，是違其怒，正使自乾耳。」⑪

《新約》紀載，耶穌告訴門徒說：

有人打你的右臉，連左臉也轉過來由他打。⑫

耶穌、婁師道，可謂善於守辱矣！

夫爲人之道，守柔不爭；爲政之道，守樸無爲。高祖慢侮無禮，四皓逃匿；太子卑辭厚禮，四皓來助。《史記・留侯世家》云：

留侯曰：「此難以口舌爭也。顧上有不能致者，天下有四人。四人者年老矣，皆以爲上慢侮人，故逃匿山中，義不爲漢臣。然上高此四人。今公誠能無愛金玉璧帛，令太子爲書，卑辭安車，因使辯士固請，宜來。來，以爲客，時時從入朝，令上見之，則必異而問之。上知此四人賢，則一助也。」於是呂后令呂澤使人奉太子書，卑辭厚禮，迎此四人。四人至，客建成侯所。……漢十二年，上從擊破布軍歸，疾益甚，愈欲易太子。留侯諫，不聽，因疾不視事。叔孫太傅稱說引古今，以死爭太子。上詳許之，猶欲易之。乃燕，置酒，太子侍。四人從太子，年皆八十有餘，鬚眉皓白，衣冠甚偉。上怪之，問曰：彼何爲者？四人前對，各言名姓，曰東園公，角里先生，綺里季，夏黃公。上乃大驚，曰：吾求公數歲，公辟逃我，今公何自從吾兒游乎？」四人皆曰：「陛下輕士善罵，臣等義不受辱，故恐而亡匿。竊聞太子爲人仁孝，恭敬愛士，天下莫不延頸欲爲太子死者，故臣等來耳。」上曰：「煩公幸卒調護太子。」⑬

由上所述，可得老子「雄雌白黑榮辱」之例證矣。

【附　注】

① 郭慶藩《莊子集釋》卷六上，〈刻意〉第十五，頁五三九。
② 同上，卷一下，〈齊物論〉第二，頁八三。
③ 同上，卷十下，〈天下〉第三十三，頁一〇九五。
④ 同上，卷六下，〈秋水〉第十七，頁五九〇—五九一。
⑤ 同上，卷三下，〈應帝王〉第七，頁三〇九。
⑥ 葉程義《莊子寓言研究》，⑷〈一竅不通〉，頁一二七。
⑦ 同注①，卷四中，〈馬蹄〉第九，頁三三〇。
⑧ 同注⑥，⑷〈伯樂陶匠治馬埴木〉，頁一三〇。

⑨《史記·吳太伯世家》第一，卷三十一，頁一四七二—一四七五。
⑩同上，〈越王句踐世家〉第十一，頁一七四二—一七四六。
⑪《新唐書·婁師德傳》第三十三，卷一〇八，頁四〇九三。
⑫《新舊約全書·馬太福音》第五章，第三九節，頁六下。
⑬《史記·留侯世家》第二十五，卷五十五，頁二〇四五—二〇四七。

二十九章

將欲取天下而為之，吾見其不得已。天下神器，不可為也。為者敗之，執者失之。故物或行或隨，或歔或吹，或強或羸，或挫或隳。是以聖人去甚，去奢，去泰。

本章主旨在闡述爲政之道，貴於無爲。其大意爲：吾人若欲治理天下，當以無爲而治，若以有爲而治天下，吾斷定不得成功。蓋天下君位，崇高神聖，責任重大，不可固執己見，妄作妄爲。否則，若巧設法網，以牢籠社會，必定敗亂天下；堅持政柄，以鞭笞天下，必定喪失天下。夫物性不同，人心亦異。汝若積極獨行於前，而彼則消極隨後伺隙；汝若呴之使煖，而彼則吹之使冷；汝欲強之，彼則弱之；汝欲成之，彼則敗之。職是之故，聖人之治天下，順乎人性物理，處於自然無爲，去其過甚，允執厥中。

天下神器，不可爲也。爲者敗之，執者失之。《莊子・讓王》云：

> 道之真以治身，其緒餘以爲國家，其土苴以治天下。由此觀之，帝王之功，聖人之餘事也，非所以完身養生也。今世俗之君子，多危身棄生以殉物，豈不悲哉！凡聖人之動作也，必察其所以之與其所以爲。今且有人於此，以隋侯之珠彈千仞之雀，世必笑之。是何也？則其所用者重而所要者輕也。夫生者，豈特隋侯之重哉！①

又《莊子・在宥》云：

> 故君子不得已而臨蒞天下，莫若無爲。無爲也而後安其性命之情。故貴以身於爲天下，則可以託天下；愛以身於爲天下，則可以寄天下。故君子苟能無解其五藏，無擢其聰明；尸居而龍見，淵默而雷聲，神動而天隨，從容無爲而萬物炊累焉。吾又何暇治天下哉！……夫有土者，有大物也。有大物者，不可以物；物而不物，故能物物。明乎物物者之非物也。豈獨治天下百姓而已哉！出入六合，遊乎九州，獨往獨來，是謂獨有。獨有之人，是謂至貴。②

聖人去甚去奢去泰者，即漆園所謂去躬矜容知是也。《莊子・外物》云：

> 老萊子之弟子出薪，遇仲尼，反以告，曰：「有人於彼，脩上而趨下，末僂而後耳，視若營四海，不知其誰氏之子。」老萊子曰：「是丘也。召而來。」仲尼至。曰：「丘！去汝躬矜與汝容知，斯爲君子矣。」③

夫是非美惡毀譽，皆以一己主觀之成見所產生，故堯桀之自然而相非，猶聖人與盜跖然，各是其所是，而非其所非也。孰是孰非，非上智者，莫能辨也。是故與其譽堯而非桀，不如兩忘而閉其所譽。④

夫爲政之道，貴於無爲。蕭規曹隨，用黃老術，大稱賢相。《史記・曹相國世家》云：

> 孝惠帝元年，除諸侯相國法，更以參爲齊丞相。參之相齊，齊七十城。天下初定，悼惠王富於春秋，參盡召長老諸生，問所以安集百姓，如齊故俗諸儒以百數，言人人殊，參未知所定。聞膠西有蓋公，善治黃老言，使人厚幣請之。既見蓋公，蓋公爲言治道貴清靜而民自定，推此類具言之。參於是避正堂，舍蓋公焉。其治要用黃老術，故相齊九年，齊國安集，大稱賢相。……參子窋爲中大

夫。惠帝怪相國不治事，以爲「豈少朕與」？乃謂窋曰：「若歸，試私從容問而父曰：『高帝新棄群臣，帝富於春秋，君爲相，日飲，無所請事，何以憂天下乎？』然無言吾告若也。」窋既洗沐歸，閒侍，自從其所諫參。參怒，而笞窋二百，曰：「趣入侍，天下事非若所當言也。」至朝時，惠帝讓參曰：「與窋胡治乎？乃者我使諫君也。」參免冠謝曰：「陛下自察聖武孰與高帝？」上曰：「朕乃安敢望先帝乎！曰：陛下觀臣能孰與蕭何賢？」上曰：「君似不及也。」參曰：「陛下言之是也。且高帝與蕭何定天下，法令既明，今陛下垂拱，參等守職，遵而勿失，不亦可乎？」惠帝曰：「善。君休矣！」參爲漢相國，出入三年。卒，謚懿侯。子窋代侯。百姓歌之曰：「蕭何爲法，顜若畫一；曹參代之，守而勿失。載其清淨，民以寧一。」⑤

由上所述，可得老子所謂「爲政之道，貴於無爲」之例證矣。

【附　注】

① 郭慶藩《莊子集釋》卷九下，〈讓王〉第二十八，頁九七一—九七二。
② 同上，卷四下，〈在宥〉第十一，頁三六九—三九四。
③ 同上，卷九上，〈外物〉第二十六，頁九二八—九二九。
④ 葉程義《莊子寓言研究》，(155)〈去躬矜容知〉，頁二五〇。
⑤ 《史記·曹相國世家》第二十四，卷五十四，頁二〇二八—二〇三一。

三十章

以道佐人主者，不以兵強天下。其事好還。師之所處，荆棘生焉；大軍之後，必有凶年。善者果而已，①不敢以取強果而勿矜，果而勿伐，果而勿驕。果而不得已，果而勿強。勿壯則老，是謂不道，不道早已。

本章主旨在闡述窮兵黷武之害，反對侵略戰爭。其大意爲：凡用大道輔佐君主者，不用武力侵略天下。蓋以武力服人，必遭報復，冤冤相報，循環不已。尤其是兵燹戰亂之處，田園荒蕪，荆棘叢生。哀鴻遍野，生靈塗炭。是故，大戰之後，農事廢弛，五穀不生，必定有荒亂饑饉之年。善於用兵之軍事家，僅求克敵制勝之效果而已，不敢殺戮耀威，黷武逞強。成而不矜能，成而不誇功，成而不驕傲。雖然以武力達成克敵制勝之效果，而是出於不得已也。物極必反，物盛則衰，爭勝逞強，不合於道，不明於道，如飄風驟雨，速趨滅亡。

不道早已者，如漆園所謂堅毀鋭挫。《莊子·天下》云：

人皆取先，己獨取後，曰受天下之垢；人皆取實，己獨取虛，無藏也故有餘，巋然而有餘。其行身也，徐而不費，無爲也而笑巧；人皆求福，己獨曲全，曰苟免於咎。以深爲根，以約爲紀，曰堅則毀矣，鋭則挫矣。常寬容於物，不削於人，可謂至極。②

夫天道好還，循環報復。故老子云：「其事好還。」孟子云：「殺人之父，人亦殺其父；殺人之兄，人亦殺其兄。」③耶穌亦云：「凡動刀的，必死在刀下。」④可見中西聖哲，心同理同。楚靈王好殺，人亦殺其子。《史記・楚世家》云：

靈王聞太子祿之死也，自投車下，而曰：「人之愛子亦如是乎？」侍者曰：「甚是。」王曰：「余殺人之子多矣，能無及此乎？」右尹曰：「請待於郊以聽國人。」王曰：「衆怒不可犯。」曰：「且入大縣而乞師於諸侯。」王曰：「皆叛矣。」又曰：「且奔諸侯以聽大國之慮。」王曰：「大福不再，祇取辱耳。」於是王乘舟將欲入鄢。右尹度王不用其計，懼俱死，亦去王亡。靈王於是獨傍偟山中，野人莫敢入王，王行遇其故鋗人，謂曰：「爲我求食，我已不食三日矣。」鋗人曰：「新王下法，有敢饟王從王者，罪及三族，且又無所得食。」王因枕其股而卧。鋗人又以土自代，逃去。王覺而弗見，遂飢弗能起。芋尹申無宇之子申亥曰：「吾父再犯王命，王弗誅，恩孰大焉！」乃求王，遇王飢於釐澤，奉之以歸。夏五月癸丑，王死申亥家，申亥以二女從死，并葬之。⑤

齊湣王窮兵黷武，終遭殺身之禍。《史記・田敬仲完世家》云：

齊遂伐宋，宋王出亡，死於溫。齊南割楚之淮北，西侵三晉，欲以并周室，爲天子。泗上諸侯鄒魯之君皆稱臣，諸侯恐懼。三十九年，秦來伐，拔我列城九。四十年，燕、秦、楚、三晉合謀，各出銳師以伐，敗我濟西。王解而卻。燕將樂毅遂入臨淄，盡取齊之寶器，湣王出亡，之衛。衛君辟宮舍之，稱臣而共具。湣王不遜，衛人侵之。湣王去，走鄒、魯，有驕色，鄒、魯君弗內，遂走莒。

楚使淖齒將兵救齊，因相齊湣王。淖齒遂殺湣王而與燕共分齊之侵地鹵器。⑥

夫用兵之道，不戰而屈人之兵者爲上，不得已而用兵，亦求克敵制勝，化干戈爲玉帛，不敢逞強黷武。如漢文帝之三拒匈奴，諸葛亮之七擒孟獲。《史記·孝文本紀》云：

五月，匈奴入北地，居河南爲寇。帝初幸甘泉。六月，帝曰：「漢與匈奴約爲昆弟，毋使害邊境，所以輸遺匈奴甚厚。今右賢王離其國，將衆居河南降地，非常故，往來近塞，捕殺吏卒，驅保塞蠻夷，令不得居其故，陵轢邊吏，入盜，甚敖無道，非約也。其發邊吏騎八萬五千詣高奴，遣丞相潁陰侯灌嬰擊匈奴。」匈奴去，發中尉材官屬衛將軍軍長安。……十四年冬，匈奴謀入邊爲寇，攻朝𨚗塞，殺北地都尉卬，上乃遣三將軍軍隴西、北地、上郡，中尉周舍爲衛將軍，郎中令張武爲車騎將軍，軍渭北，車千乘，騎卒十萬。帝親自勞軍，勒兵申教令，賜軍吏卒。帝欲自將擊匈奴，群臣諫，皆不聽。皇太后固要帝，帝乃止。於是以東陽侯張相如爲大將軍，成侯赤爲內史，欒布爲將軍，擊匈奴。匈奴遁走。……後六年冬，匈奴三萬人入上郡，三萬人入雲中。以中大夫令勉爲車騎將軍，軍飛狐；故楚相蘇意爲將軍，軍句注；將軍張武屯北地；河內守周亞夫爲將軍，居細柳；宗正劉禮爲將軍，居霸上；祝茲侯軍棘門：以備胡。數月，胡人去，亦罷。⑦

《三國志·諸葛亮傳》云：

三年春，亮率衆南征，其秋悉平。《漢晉春秋》曰：亮至南中，所在戰捷。聞孟獲者，爲夷、漢所服，募生致之。既得，使觀於營陳之間，問曰：「此軍何如？」獲對曰：「向者不知虛實，故敗。

今蒙賜觀看營陳，若秖如此。即定易勝耳。」亮笑，縱使更戰，七縱七擒，而亮猶遣獲。獲止不去，曰：「公，天威也，南人不復反矣。」遂至滇池。南中平，皆即其渠率而用之。⑧

夫孔明五月渡瀘，深入不毛；七縱七擒，平定蠻夷。兵法有云：攻心爲上，攻城爲下，其得之矣。陳壽謂其應變將略，非其所長，豈公允之論哉？

【附注】

① 俞樾曰：按河上公本作「善者果而已」，當從之。王注曰：「果猶濟也，言善用師者，趣以濟難而已矣。」是其所據本亦作「善者」，故以「善用師者」釋之。今作「善有」，以形近而誤。蔣錫昌謂俞說是也。（《老子校詁》頁二〇〇）程義按：帛書甲乙本皆作「者」，今據改。（《許抗生《帛書老子注譯與研究》頁一二一）

② 郭慶藩《莊子集釋》卷十下，〈天下〉第三十三，頁一〇九五。

③ 《孟子注疏・盡心下》，卷十四上，頁五，總頁二五〇。

④ 《新舊約全書・馬太福音》第廿六章，第五十二節，頁四十。

⑤ 《史記・楚世家》第十，卷四十，頁一七〇七—一七〇八。

⑥ 同上，〈田敬仲完世家〉第十六，卷四十六，頁一九〇〇。

⑦ 同上，〈孝文本紀〉第十，卷十，頁四二五—四三二。

⑧《三國志・諸葛亮傳》，第五，卷三十五，頁九一九—九二一。

三十一章

夫兵者不祥之器，①物或惡之，故有道者不處。君子居則貴左，用兵則貴右。兵者，不祥之器，非君子之器，不得已而用之，恬淡為上。勝而不美，而美之者，是樂殺人。夫樂殺人者，則不可得志於天下矣。②吉事尚左，凶事尚右，偏將軍居左，上將軍居右。言以喪禮處之。殺人之衆，以哀悲立之，③戰勝，以喪禮處之。

本章主旨在闡述厭兵反戰之思想。其大意爲：戰爭動武，互相殺戮，血流成渠，屍骨遍野，慘不忍睹，猶如凶喪不祥之事，令人悲痛厭惡，故有仁道之君子，不居心好戰。君子平日閒居，宅心仁厚，如春日和煦，生氣蓬勃；戰時用兵，心情悽愴，如秋風蕭颯，草木凋零。故武器爲凶器，乃是不祥之物，故非仁人君子所喜愛者也。若無可奈何而使用武力，亦以平心靜氣爲佳，不可濫殺無辜之民。如果戰勝，亦不驕狂誇耀，若誇耀勝仗，此即表示其好戰好殺之心。蓋好殺之徒，必遭天下人之厭惡唾棄，不能實現其野心，終嘗失敗之苦果，依禮吉祥之事，以左爲貴；不祥之事，以右爲貴。不得已而戰時，偏將軍爲副將，故居戰車之左位；而上將軍爲主將，故居戰車之右位；其意謂以喪禮之悲情，應付戰爭。戰爭殘酷，傷亡慘重，當以悲天憫人之心而哀悼陣亡將士。凱旋而歸，亦當以悲痛心情，如行喪禮，哀悼死難者。

兵爲不祥之器，《莊子·徐無鬼》云：

武侯曰：「欲見先生久矣。吾欲愛民而爲義偃兵，其可乎？」徐無鬼曰：「不可。愛民，害民之始也；爲義偃兵，造兵之本也；君自此爲之，則殆不成。凡成美，惡器也；君雖爲仁義，幾且僞哉！形固造形，成固有伐，變固外戰。君亦必無盛鶴列於麗譙之間，無徒驥於錙壇之宮，無藏逆於得，無以巧勝人，無以謀勝人，無以戰勝人。夫殺人之士民，兼人之土地，以善吾私與吾神者，其戰不知孰善？勝之惡乎在？君若勿已矣，修胸中之誠，以應天地之情而勿攖。夫民死已脫矣，君將惡乎用夫偃兵哉！④

夫莊生目睹當時之君主，假借仁義，以行其私慾，殺人之士民，兼人之土地，以苦一國之民，以養其耳目口鼻之慾。照黄宗羲原君篇所謂：敲剝天下之骨髓，以供我一人之淫樂也。⑤

夫樂殺人者，不可得志於天下。漆園以蝸牛兩角喻觸蠻二氏相爭，譏諷戰國君主爭伐。《莊子·則陽》云：

魏瑩與田侯牟約，田侯牟背之。魏瑩怒，將使人刺之。犀首公孫衍聞而恥之曰：「君爲萬乘之君也，而以匹夫從讎！衍請受甲二十萬，爲君攻之，虜其人民，係其牛馬，使其君內熱發於背，然後拔其國。忌也出走，然後抶其背，折其脊。」季子聞而恥之曰：「築十仞之城，城者既十仞矣，則可壞之，此胥靡之所苦也。今兵不起七年矣，此王之基也。衍亂人，不可聽也。」華子聞而醜之曰：「善言伐齊者，亂人也；善言勿伐者，亦亂人也；謂伐之與不伐亂人也者，又亂人也。」君曰：「然則若何？」曰：「君求其道而已矣！」惠子聞之而見戴晉人。戴晉人曰：「有所謂蝸者，君知之乎？」曰：「然。」「有國於蝸之左角者曰觸氏，有國於蝸之右角者曰蠻氏，時相與爭地而戰，伏屍數萬，逐北旬有五日而後反。」君曰：「噫！其虛言與？」曰：「臣請爲君實之。君以意在四方上下有窮乎？」君曰：「無窮。」曰：「知遊心於無窮，而反在通達之國，若存若亡乎？」君曰：「然。」曰：「通達之中有魏，於魏中有梁，於梁中有王。王與蠻氏，有辯乎？」君曰：「無辯。」客出而君惝然若有亡也。客出，惠子見。君曰：「客，大人也，賢人不足以當之。」惠子曰：「夫吹管也，猶有嗃也；吹劍首者，吷而已矣。堯舜，人之所譽也；道堯舜於戴晉人之前，譬猶一吷也。」⑥

夫蝸牛之左角曰觸氏，右角曰蠻氏，時相爭地而戰，伏屍數萬，以喻戰國君主主相伐也。⑦

反戰思想，儒道相同。《論語・衛靈公》云：

衛靈公問陳於孔子。孔子對曰：「俎豆之事，則嘗聞之矣；軍旅之事，未之學也。」明日遂行。⑧

《孟子・梁惠王上》云：

孟子見梁襄王。出語人曰：「望之不似人君，就之而不見所畏焉。卒然問曰：「天下惡乎定？」吾對曰：「定於一。」「孰能一之？」對曰：「不嗜殺人者能一之。」「孰能與之？」對曰：「天下莫不與也。王知夫苗乎？七八月之間旱，則苗槁矣。天油然作雲，沛然下雨，則苗浡然興之矣。其如是，孰能禦之？今夫天下之人牧，未有不嗜殺人者也；如有不嗜殺人者，則天下之民，皆引領而望之矣。誠如是也，民歸之，由水之就下，沛然誰能禦之，」⑨

孟子曰：「求也，爲季氏宰，無能改於其德，而賦粟倍他日。孔子曰：『求，非我徒也！小子鳴鼓而攻之可也！』由此觀之，君不行仁政而富之，皆棄於孔子者也；況於爲之強戰，爭地以戰，殺人盈野；爭城以戰，殺人盈城？此所謂率土地而食人肉，罪不容於死。故善戰者服上刑，連諸侯者次之；辟草萊，任土地者次之。⑩

又《離婁上》云：

項羽嗜殺成性，好戰爲癖，終至兵敗身亡，烏江自刎，何其悲哉！《史記。項羽本紀》云：

項羽乃召黥布、蒲將軍計曰：「秦吏卒尚衆，其心不服，至關中不聽，事必危，不如擊殺之，而獨與章邯、長史欣、都尉翳入秦。」於是楚軍夜擊阬秦卒二十餘萬人新安城南。……項羽引兵西屠咸陽，殺秦降王子嬰，燒秦宮室，火三月不滅；收其貨寶婦女而東。人或說項王曰：「關中阻山河四塞，地肥饒，可都以霸。」項王見秦宮室皆以燒殘破，又心懷思欲東歸，曰：「富貴不歸故鄉，如衣繡夜行，誰知之者！」誌者曰：「人言楚人沐猴而冠耳，果然。」項王聞之，烹說者。……漢王部五諸侯兵，凡五十六萬人，東伐楚。項王聞之，即會諸將擊齊，而自以精兵三萬人南從魯出胡陵。四月，漢皆已入彭城，收其貨寶美人，日置酒高會。項王乃西從蕭，晨擊漢軍而東，至彭城，日中，大破漢軍。漢軍皆走，相隨入穀、泗水，殺漢卒十餘萬人。漢卒皆南走山，楚又追擊至靈壁東睢水上。漢軍卻，爲楚所擠擠，多殺，漢卒十餘萬人皆入睢水，睢水爲之不流。……外黃不下。

數日，已降，項王怒，悉令男子年十五已上詣城東，欲阬之。外黃令舍人兒年十三，往說項王曰：「彭越強劫外黃，外黃恐，故且降，待大王。大王至，又皆阬之，百姓豈有歸心？從此以東，梁地十餘城皆恐，莫肯下矣。」項王然其言，乃赦外黃當阬者。……於是項王乃欲東渡烏江。烏江亭長檥船待，謂項王曰：「江東雖小，地方千里，衆數十萬人，亦足王也。願大王急渡。今獨臣有船，漢軍至，無以渡。」項王笑曰：「天之亡我，我何渡爲！且籍與江東子弟八千人渡江而西，今無一人還，縱江東父兄憐而王我，我何面目見之？縱彼不言，籍獨不愧於心乎？」乃謂亭長曰：「吾知公長者。吾騎此馬五歲，所當無敵，嘗一日行千里，不忍殺之，以賜公。」乃令騎皆下馬步行，持短兵接戰。獨籍所殺漢軍數百人。項王身亦被十餘創。顧見漢騎司馬呂馬童，曰：「若非吾故人乎？」馬童面之，指王翳曰：「此項王也。」項王乃曰：「吾聞漢購我頭千金，邑萬戶，吾爲若德。」乃自刎而死。⑪

太史公曰：乃引「天亡我，非兵之罪也」，豈不謬哉！

【附　注】

① 此句傅奕本作「夫美兵者」，通行本作「夫佳兵者」，帛書甲乙本皆作「夫兵者」，文義暢通，可解衆惑，今從之。（許抗生《帛書老子經譯與研究》頁一二三）

② 此句碑本無「以」字，作「則不可得志於天下」，今據改。程義案：景龍《道德經碑》（唐中宗景龍二

年正月），此碑始見錢大昕《金石文跋尾》，爲《道德經》刻石之最古者。錢跋云：「《老子道德經》（景龍二年正月），右《老子道德經》兩卷，上卷曰〈道經〉，下卷曰〈德經〉，分兩面刻之，其額云：『大唐景龍二年正月，易州龍興觀爲國敬造道德五千文碑』。末題觀主張眷行名。」今在易州。

③ 蒞，甲、乙本皆作「立」，傅奕本、通行本皆作「泣」。高亨說：「泣皆爲竦，古書多作蒞。」說文：「竦，臨也。」蒞，即臨也。（許抗生《帛書老子注譯與研究》頁一二四，注8。）今據改。

④ 郭慶藩《莊子集釋》卷八中，〈徐無鬼〉第二十四，頁八二七。

⑤ 葉程義《莊子寓言研究》，(132)〈徐無鬼論爲義偃兵〉，頁二二七。

⑥ 同注④，〈則陽〉第二十五，頁八八八—八九四。

⑦ 同注⑤，(144)〈蝸牛兩角相爭〉，頁二三九。

⑧ 《論語注疏·衛靈公》第十五，頁一，總頁一三七。

⑨ 《孟子注疏·梁惠王上》第一下，頁一，總頁二一。

⑩ 同上，〈離婁上〉第七下，頁五，總頁一三四。

⑪ 《史記·項羽本紀》第七，卷七，頁三一〇—三三六。

三十二章

道常無名，樸。雖小，天下莫能臣也。侯王若能守之，萬物將自賓。天地相合，以降甘露，民莫之令而自均。始制有名。名亦既有，夫亦將知止，知止所以不殆。①譬道之在天下，猶川谷之於江海。

本章主旨在闡述大道無名眞樸，侯王若能以道術治天下，則萬民懷德而順服也。其大意爲：道爲永恆不變之眞理，因其無形，故無以名之。大道雖然眞樸精微，卻能支配人，而人則不能支配它。侯王若能遵循大道而行，則政行事遂，萬民歸順。猶如天地之間，陰陽二氣相合，則普降甘露，潤澤萬物，毋須人爲干涉，而自然周遍均勻，爲政之道亦然，應順其自然。然道生萬物，名亦隨之而生。聖人因器制名，訂定禮樂政教，名物燦然大備。然法令滋彰，盜賊多有，故當知適可而止。知適可而止，則不至有南轅北轍之病。道與天下之關係，猶如江海之與川谷，江海爲川谷之所歸，道爲萬物之所歸。

道常無名，而德則不然。《莊子・徐無鬼》云：

仲尼之楚，楚王觴之，孫叔敖執爵而立，市南宜僚受酒而祭曰：「古之人乎！於此言已。」曰：「丘也聞不言之言矣，未之嘗言，於此乎言之。市南宜僚弄丸而兩家之難解。孫叔敖甘寢秉羽而郢人投兵。丘願有喙三尺。」彼之謂不道之道，此之謂不言之辯，故德總乎道之所一。而言休乎知之所不知，至矣。道之所一者，德不能同也；知之所不能知者，辯不能舉也；名若儒墨而凶矣。故海不辭東流，大之至也；聖人並包天地，澤及天下，而不知其誰氏。是故生無爵，死無謚，實不聚，名不立，此之謂大人。狗不以善吠爲良，人不以善言爲賢，而況爲大乎！夫爲大不足以爲大，而況爲德乎！夫大備矣，莫若天地；然奚求焉，而大備矣。知大備者，無求，無失，無棄，不以物易己也。反己而不窮，循古而不摩，大人之誠。②

借市南宜僚與孔子對話，以弄丸解難，秉羽投兵爲喻，言不言之義。夫天何言哉，四時行焉；地何言哉，百物生焉；爲政之道，亦當如是也。③

樸雖小，言道體精微也。《莊子・天地》篇云：

泰初有無，無有無名；一之所起，有一而未形。物得以生，謂之德；未形者有分，且然無閒，謂之命；留動而生物，物成生理，謂之形；形體保神，各有儀則，謂之性。性脩反德，德至同於初。同乃虛，虛乃大。合喙鳴，喙鳴合，與天地爲合。其合緡緡，若愚若昏，是謂玄德，同乎大順。④

又〈秋水〉篇云：

河伯曰：「世之議者皆曰：『至精無形，至大不可圍。』是信情乎？」北海若曰：「夫自細視大者不盡，自大視細者不明。夫精，小之微也；　，大之殷也；故異便。此勢之有也。夫精粗者，期於有形者也；無形者，數之所不能分也；不可圍者，數之所不能窮也。可以言論者，物之粗也；可以意致者，物之精也；言之所不能論，意之所不能察致者，不精粗焉。」⑤

又〈天下〉篇云：

至大無外，謂之大一；至小無內，謂之小一。⑥

故樸雖小者，即宇宙萬有之道也。

知止可以不殆者，反之則殆矣。《莊子・養生主》云：

吾生也有涯，而知也無涯。以有涯隨無涯，殆已；已而爲知者，殆而已矣。⑦

又〈秋水〉云：

計人之所知，不若其所不知；其生之時，不若未生之時；以其至小求窮其至大之域，是故迷亂而不能自得也。⑧

又〈庚桑楚〉云：

學者，學其所不能學也；行者，行其所不能行也；辯者，辯其所不能辯也。知止乎其所不能知，至矣；若有不即是者，天鈞敗之。……知者，接也；知者，謨也；知者之所不知，猶睨也。⑨

又〈徐無鬼〉云：

言休乎知之所不知，至矣。……故足之於地也踐，雖踐，恃其所不蹍而後善博也；人之於知也少，雖少，恃其所不知而後知天之所謂也。⑩

大道無名無形，有名有形，即非道也。道即佛也。眞佛無名無形，有名有形，即非佛也。泥塑木雕之像，即非眞佛，故丹霞禪師燒之。《指月錄》卷九載「鄧州丹霞天然禪師」：

過慧林寺，遇天大塞，取木佛燒火向。院主訶曰：「何得燒我木佛？」師以杖子撥灰曰：「吾取舍利。」主曰：「木佛何有舍利？」師曰：「既無舍利，更取兩尊燒。」主自後眉鬚墮落。⑪

故老子曰：「道常無名，樸雖小，天下莫能臣也。」

侯王若能守之，萬物將自賓。夫文帝用黃老之術，慈儉讓三寶，而天下大治。文帝之廢肉刑，此慈也。《史記・文帝本紀》云：

齊太倉令淳于公有罪當刑，詔獄逮徙繫長安。太倉公無男，有女五人。太倉公將行會逮，罵其女曰：「生子不生男，有緩急非有益也！」其少女緹縈自傷泣，乃隨其父至長安，上書曰：「妾父為吏，齊中皆稱其廉平，今坐法當刑。妾傷夫死者不可復生，刑者不可復屬，雖復欲改過自新，其道無由也。妾原沒入為官婢，贖父刑罪，使得自新。」書奏天子，天子憐悲其意，乃下詔曰：「蓋聞有虞氏之時，畫衣冠異章服以為僇，而民不犯。何則？至治也。今法有肉刑三，而姦不止，其咎安在？非乃朕德薄而教不明歟？吾甚自愧。故夫馴道不純而愚民陷焉。詩曰：『愷悌君子，民之父母。』今人有道，教未施而刑加焉，或欲改行為善而道毋由也。朕甚憐之。夫刑至斷支體，刻肌膚，終身不息，何其楚痛而不德也，豈稱為民父母之意哉！其除肉刑。」⑫

文帝之敦朴，常衣綈衣，不作露臺，此儉也。《史記・文帝本紀》云：

孝文帝從代來，即位二十三年，宮室苑囿狗馬服御無所增益，有不便，輒弛以利民。嘗欲作露臺，召匠計之，直百金。上曰：「百金中民十家之產，吾奉先帝宮室，常恐羞之，何以臺為！」上常衣綈衣，所幸慎夫人，令衣不得曳地，幃帳不得文繡，以示敦朴，爲天下先。治霸陵皆以瓦器，不得以金銀銅錫爲飾，不治墳，欲爲省，毋煩民。⑬

文帝之答拜群臣，再三讓即天子位，此謙讓也。《史記・文帝本紀》云：

代王馳至渭橋，群臣拜謁稱臣。代王下車拜。太尉勃進曰：「願請閒言。」宋昌曰：「所言公，公言之。所言私，王者不受私。」太尉乃跪上天子璽符。代王謝曰：「至代邸而議之。」遂馳入代邸。群臣從至。丞相陳平、太尉周勃、大將軍陳武、御史大夫張蒼、宗正劉郢、朱虛侯劉章、東牟侯劉興居、典客劉揭皆再拜言曰：「子弘等皆非孝惠帝子，不當奉宗廟。臣謹請陰安侯、列侯頃王后與琅邪王、宗室、大臣、列侯、吏二千石議曰：『大王高帝長子，宜爲高帝嗣。』願大王即天子位。」代王曰：「奉高帝宗廟，重事也。寡人不佞，不足以稱宗廟。願請楚王計宜者。寡人不敢當。」群臣皆伏固請。代王西鄉讓者三，南鄉讓者再。丞相平等皆曰：「臣伏計之，大王奉高帝宗廟最宜稱，雖天下諸侯萬民以爲宜。臣等爲宗廟社稷計，不敢忽。願大王幸聽臣等。臣謹奉天子璽符再拜上。」代王曰：「宗室將相王列侯以爲莫宜寡人，寡人不敢辭。」遂即天子位。⑭

其雖惺惺作態，然深得黃老之術也。

【附　注】

① 蔣錫昌《老子校詁》頁二一九，道藏王弼本「可」作「所」，正與注合，當據改正。程義案：帛書甲本

② 闕文，乙本作「知止所以不殆」，今從乙本。（許抗生《帛書老子注譯與研究》頁一二五）

③ 郭慶藩《莊子集釋》卷八中，〈徐無鬼〉第二十四，頁八五〇—八五二。

④ 葉程義《莊子寓言研究》，⒀〈孔子述不言之義〉，頁二三三。

⑤ 同注②，卷五上，〈天地〉第十二，頁四二四。

⑥ 同上，卷六下，〈秋水〉第十七，頁五七二。

⑦ 同上，卷十下，〈天下〉第三十一，頁一一〇二。

⑧ 同上，卷二上，〈養生主〉第三，頁一一五。

⑨ 同上，卷六下，〈秋水〉第十七，頁五六八。

⑩ 同上，卷八上，〈庚桑楚〉第二十三，頁七九二—八一〇。

⑪ 同上，卷八中，〈徐無鬼〉第二十四，頁八五二—八七一。

⑫ 《指月錄》卷九，頁二八二下，總頁二八二。（台北市，佛教出版社，民國七十二年，《佛教大藏經》第一五六冊。）

⑬ 《史記・孝文本紀》第十，卷十，頁四二七—四二八。

⑭ 同上，頁四三三。

同上，頁四一五。

三十三章

知人者智，自知者明。勝人者有力，自勝者強。知足者富，強行者有志。不失其所者久，死而不亡者壽。

本章主旨在闡述爲人處世，修身養生之道，貴於自知、自勝、知足、強行之理。其大意爲：能明察他人之善惡長短者，可稱具有智慧；能反省自我之是非優劣者，則可謂有自知之明。能戰勝他人者，可稱具有力量；能戰勝私慾，邁向大道，則可謂發奮圖強。能知足常樂，視富貴如浮雲，雖簞食瓢飲，窮於物質而精神富足。能自強不息者，矢志於道，夙夜匪懈，有志竟成。能不失其所止者，則能長久生存。猶如魚蝦之不離其水，鳥獸之不離其林，草木之不離其生，萬物之不離其所，人類之不離其道。職是之故，人若能得道，雖身歿而道存，永垂不朽，故曰長壽。

孔子曰：「朝聞道，夕死可矣。」①得道之人，淡泊明志，安貧樂道，故曰知足者富。《莊子・讓王》云：

原憲居魯，環堵之室，茨以生草；蓬戶不完，桑以爲樞；而甕牖二室，褐以爲塞；上漏下溼；匡坐而弦。子貢乘大馬，中紺而表素，軒車不容巷，往見原憲。原憲華冠縰履，杖藜而應門。子貢曰：「嘻！先生何病？」原憲應之曰：「憲聞之，無財謂之貧，學而不能行謂之病。今憲，貧也，非病也。」子貢逡巡而有愧色。原憲笑曰：「夫希世而行，比周而友，學以爲人，教以爲己，仁義之慝，輿馬之飾，憲不忍爲也。」②

夫富而無驕易，貧而無諂難；子貢恃富驕世，原憲貧而樂道。今世如子貢者，比比皆是；而如原憲者，則鳳毛麟角，誠難能而可貴也。③又《莊子・天地》云：

堯觀乎華。華封人曰：「嘻，聖人！請祝聖人。」「使聖人壽。」堯曰：「辭。」使聖「人富。」堯曰：「辭。」「使聖人多男子。」堯曰：「辭。」封人曰：「壽、富、多男子，人之所欲也。女獨不欲，何邪？」堯曰：「多男子則多懼，富則多事，壽則多辱。是三者，非所以養德也，故辭。」封人曰：「始也我以女爲聖人邪，今然君子也。天生萬民，必授之職。多男子而授之職，則何懼之有！富而使人分之，則何事之有！夫聖人，鶉居而鷇食，鳥行而無彰；天下有道，則與物皆昌；天下無道，則脩德就閒；千歲厭世，去而上僊；乘彼白雲，至於帝鄉；三患莫至，身常無殃；則何辱之有！」封人去之。堯隨之，曰：「請問。」封人曰：「退已！」④

文中封人，實爲莊子之代言人。夫多男子，若不施以良好教育，造就其才，不堪授之以職，如今之不良少年然，爲非作歹，禍延父母，則豈非有多懼之患？若爲富不仁，驕奢淫逸，小則傷身，大則喪命；或庶民無罪，懷璧其罪，則豈非有多事之患？若長壽處世，競於名利，奔走鑽營，患得患失，勢必自取其辱，則豈非有多辱之患？是故，唯有羽化登仙，至於帝鄉，三患莫至，身常無殃。則何辱之有？⑤

夫死而不亡者壽，身沒而道猶在。《莊子・至樂》云：

莊子之楚，見空髑髏，髐然有形，撽以馬捶，因而問之，曰：「夫子貪生失理，而爲此乎？將子有亡國之事，斧鉞之誅，而爲此乎？將子有不善之行，愧遺父母妻子之醜，而爲此乎？將子有凍餒之患，而爲此乎？將子之春秋故及此乎？」於是語卒，援髑髏，枕而卧。夜半，髑髏見夢曰：「子之談者似辯士。視子所言，皆生人之累也，死則無此矣。子欲聞死之說乎？」莊子曰：「髑髏曰：「死，無君於上，無臣於下；亦無四時之事，從然以天地爲春秋，雖南面王樂，不能過也。」莊子不信，曰：「吾使司命復生子形，爲子骨肉肌膚，反子父母妻子閭里知識，子欲之乎？「然。」髑髏深矉蹙頞曰：「吾安能棄南面王樂而復爲人間之勞乎！」⑥

莊子借髑髏之言，喻死無生人之累患，其樂之情，勝於南面而王也。夫螻蟻尚且偷生，而人生不如死，以死爲解脫，上無暴君苛政之患，下無臣民生計之累，亦無一年四季春夏秋冬之勞若工作，無拘無束，逍遙自在於大自然之中，縱使南面爲王，亦不及此樂耳。莊生身處亂世，目睹民生疾苦，故借髑髏之言，發此感慨耳。莊子以生死爲一，不以生樂死苦，亦不主死樂生苦，本文強調以天地爲春秋，逍遙於自然，悠閒自得之樂而已。⑦

又莊子妻死，鼓盆而歌。《莊子・至樂》云：

莊子妻死，惠子弔之，莊子則方箕踞鼓盆而歌。惠子曰：「與人居，長子老身，死不哭亦足矣，又鼓盆而歌，不亦甚乎！」莊子曰：「不然。是其始死也，我獨何能無概然！察其始而本無生，非徒無生也而本無形，非徒無形也而本無氣。雜忽芒芴之間，變而有氣，氣變而有形，形變而有生，今又變而之死，是相與爲春秋冬夏四時行也。人且偃然寢於巨室，而我噭噭然隨而哭之，自以爲不通乎命，故止也。」⑧

借莊子與惠子對話，說明道無死生之理。夫人之軀體，有形之物也，即形而下之器。就物質而言，是有生死耳；然人之魂魄，無形之靈也，即形而上之道；就精神而言，是無生死耳。惠子見物體之生滅，而未能見精神之不生不滅也。莊子妻死，始有悲戚之心，此人之常情也。察其始本無生，變而之死，猶春夏秋冬四時之循環不息也，此非常人之所能諒察也。明乎此，莊子妻死，鼓盆而歌，庸俗之人，焉能知之。惠子之責，莊子之歌，又何足怪哉！⑨

又莊子將死，以天地爲棺槨。《莊子・列禦寇》云：

莊子將死，弟子欲厚葬之。莊子曰：「吾以天地爲棺槨，以日月爲連璧，星辰爲珠璣，萬物爲齎送。吾葬具豈不備邪？何以加此！」弟子曰：「吾恐烏鳶之食夫子也。」莊子曰：「在上爲烏鳶食，在下爲螻蟻食，奪彼與此，何其偏也！」⑩

借莊子臨終與弟子對話，言以萬物爲葬具，烏鳶與螻蟻相等，何厚此而薄彼也。夫莊子置死生於度外，故生而不悅，死而不悲，蓋生死一耳，皆宇宙萬物生滅之自然現象也。生有何喜？死亦何悲？故莊子妻死，鼓盆而歌，惠子不測，曾責之也。莊子豁達大度，生死等觀，萬物齊一，以天地爲棺槨，以日月爲連璧，星辰爲珠璣，萬物爲齎送。屍爲烏鳶啄，或爲螻蟻食，一也，何其灑脫！夫生樂死悲，人世皆然，窺破生死。唯莊生耳！⑪

死爲解脫，唯有能窺破生死者，方能言之。《莊子・養生主》云：

老聃死，秦失弔之，三號而出。弟子曰：「非夫子之友邪？」曰：「然。」「然則弔焉若此，可乎？」曰：「然。始也吾以爲其人也，而今非也。向吾入而弔焉，有老者哭之，如哭其子；少者哭之，如哭其母。彼其所以會之，必有不蘄言而言，不蘄哭而哭者。是遁天倍情，忘其所受，古者謂之遁天之刑。適來，夫子時也；適去，夫子順也。安時而處順，哀樂不能入也，古者謂是帝之縣解。指窮於爲薪，火傳也，不知其盡也。⑫

秦失其爲莊子杜撰人物，老聃雖有其人，然事屬子虛，借以表現其生死爲一之思想而已。故莊子妻死，鼓盆而歌，若眞以爲其批評老聃，則受其誑也。夫生死問題，莊子頗爲達觀，若春夏秋冬，四時循環不息。人若貪生怕死，受制於死神，則死亡暗陰常存乎心，人生有何樂趣可言？豈能談養生之道？是故安時處順，超然生死，不以哀樂累心，以善養生之道。⑬

又突破生死羅網者，唯漆園筆下之祀輿犁來四友。《莊子・大宗師》云：

子祀、子輿、子犁、子來四人相與語曰：「孰能以無爲首，以生爲脊，以死爲尻，孰知死生存亡之一體者，吾與之友矣。」四人相視而笑，莫逆於心，遂相與爲友。俄而子輿有病，子祀往問之。曰：「偉哉夫造物者，將以予爲此拘拘也！曲僂發背，上有五管，頤隱於齊，肩高於頂，句贅指天。」陰陽之氣有沴，其心閒而無事，跰䠧而鑑於井，曰：「嗟乎！夫造物者又將以予爲此拘拘也！」子祀曰：「女惡之乎？」曰：「亡，予何惡！浸假而化予之左臂以爲雞，予因以求時夜；浸假而化予之右臂以爲彈，予因以求鴞炙；浸假而化予之尻以爲輪，以神爲馬，予因以乘之，豈更駕哉！且夫得者，時也，失者，順也；安時而處順，哀樂不能入也。此古之所謂縣解也，而不能自解者，物有結之。且夫物不勝天久矣，吾又何惡焉！」俄而子來有病，喘喘然將死，其妻子環而泣之。子犁往問之，曰：「叱！避！無怛化！」倚其戶與之語曰：「偉哉造化！又將奚以汝爲，將奚以汝適？以汝爲鼠肝乎？以汝爲蟲臂乎？」子來曰：「父母於子，東西南北，唯命之從。陰陽於人，不翅於父母；彼近吾死而我不聽，我則悍矣，彼何罪焉！夫大塊載我以形，勞我以生，佚我以老，息我以死。故善吾生者，乃所以善吾死也。今大冶鑄金，金踴躍曰『我且必爲鏌鋣，』大冶必以爲不祥之金。今一犯人之形，而曰『人耳人耳』，夫造化者必以爲不祥之人。今一以天地爲大鑪，以造化爲大冶，惡乎往而不可哉！成然寐，遽然覺。⑭

祀興犁來四友，爲莊子筆下杜撰之人物，不必浪費筆墨，加以考證。蓋宇宙之道理，既爲抽象無形之物，尤以生死羅網，俗人難以突破，借四子對話，說明其理。夫生老病死，爲人生莫大之痛苦，生樂死苦，爲人之常情，孰能看破生死哉？子輿患病，奇形怪狀，不僅毫無怨言，且心地坦然。言化左臂爲雞，因以司晨報曉；化右臂爲彈，因以求鴞炙；化尻爲輪，以神爲馬，因以乘之。何其灑脫哉！子來有病將死，子犁往問之，叱避無怛化，言造化將化爲鼠肝蟲臂乎？子來以天地爲大鑪，以造化爲大冶，視生寤死寐，豈常人所能及哉！⑮

又不喜生厭死者，唯漆園筆下之方外三士，臨尸而歌，相忘生死之理。《莊子・大宗師》云：

子桑戶、孟子反、子琴張三人相與友，曰：「孰能相與於無相與，相爲於無相爲？孰能登天遊霧，撓挑無極；相忘以生，無所終窮？」三人相視而笑，莫逆在心，遂相與友。莫然有閒而子桑戶死，未葬。孔子聞之，使子貢往侍事焉。或編曲，或鼓琴，相和而歌曰：「嗟來桑戶乎！嗟來桑戶乎！而已反其眞，而我猶人猗！」子貢趨而進曰：「敢問臨尸而歌，禮乎？」二人相視而笑曰：「是惡知禮意！」子貢反，以告孔子，曰：「彼何人者邪？修行無有，而外其形骸，臨尸而歌，顔道不變，無以命之。彼何人者邪？」孔子曰：「彼，遊方之外者也；而丘，遊方之內者也。外內不相及，而丘使女往弔之，丘則陋矣。彼方且與造物者爲人，而遊乎天地之一氣。彼以生爲附贅縣疣，以死爲決疣潰癰，夫若然者，又惡知死生先後之所在！假於異物，託於同體，忘其肝膽，遺其耳目；反覆終始，不知端倪；芒然彷徨乎塵垢之外，逍遙乎無爲之業。彼又惡能憒憒然爲世俗之禮，以觀衆人之耳目哉！」子貢曰：「然則夫子何方之依？」孔子曰：「丘，天之戮民也。雖然，吾與汝共之。」子貢曰：「敢問其方。」孔子曰：「魚相造乎水，人相造乎道。相造乎水者，穿池而養給；相造乎道者，無事而生定。故曰，魚相忘乎江湖，人相忘乎道術。」子貢曰：「敢問畸人。」曰：「畸人者，畸於人而侔於天。故曰，天之小人，人之君子；人之君子，天之小人也。」⑯

知人者智，如祁奚大夫，內舉不避親，外舉不避怨，可謂善於知人者矣。《史記・晉世家》云：悼公問群臣可用者，祁傒舉解狐。解狐，傒之仇。復問，舉其子祁午。君子曰：「祁傒可謂不黨矣！外舉不隱仇，內舉不隱子。」⑰

又如趙良之深知商鞅，亡可翹足而待。惜商君弗從，慘遭車裂滅家，何其悲哉！《史記・商君列傳》云：

今君之見秦王也，因嬖人景監以爲主，非所以爲名也。相秦不以百姓爲事，而大築冀闕，非所以爲功也。刑黥太子之師傅，殘傷民以駿刑，是積怨畜禍也。教之化民也深於命，民之效上也捷於令。今君又左建外易，非所以爲教也。君又南面而稱寡人，日繩秦之貴公子。詩曰：「相鼠有體，人而無禮；人而無禮，何不遄死。」以詩觀之，非所以爲壽也。公子虔杜門不出已八年矣，君又殺祝懽而黥公孫賈。詩曰：「得人者興，失人者崩。」此數事者，非民以得人也。君之出也，後車十數，從車載甲，多力而駢脅者爲驂乘，持矛而操闟戟者旁車而趨。此一物不具，君固不出。書曰：「恃德者昌，恃力者亡。」君之危若朝露，尚將欲延年益壽乎？則何不歸十五都，灌園於鄙，勸秦王顯巖穴之士，養老存孤，敬父兄，序有功，尊有德，可以少安。君尚將貪商於之富，寵秦國之教，畜百姓之怨，秦王一旦捐賓客而不立朝，秦國之所以收君者，豈其微哉？亡可翹足而待。⑱

又如劉邦知人善用而成，項羽剛愎自用而不知人故敗。《史記・高祖本紀》云：

高祖置酒雒陽南宮。高祖曰：「列侯諸將無敢隱朕，皆言其情。吾所以有天下者何？項氏之所以失天下者何？」高起、王陵對曰：「陛下慢而侮人，項羽仁而愛人。然陛下使人攻城略地，所降下者因以予之，與天下同利也。項羽妒賢嫉能，有功者害之，賢者疑之，戰勝而不予人功，得地而不予人利，此所以失天下也。」高祖曰：「公知其一，未知其二。夫運籌帷帳之中，決勝於千里之外，吾不如子房。鎮國家，撫百姓，給餽饟，不絕糧道，吾不如蕭何。連百萬之軍，戰必勝，功必取，吾不如韓信。此三者，皆人傑也，吾能用之，此吾所以取天下也。項羽有一范增而不能用，此其所以爲我擒也。」……呂后問：「陛下百歲後，蕭相國即死，令誰代之？」上曰：「曹參可。」問其次，上曰：「王陵可。然陵少戇，陳平可以助之。陳平智有餘，然難以獨任。周勃重厚少文，然安劉氏者必勃也，可令爲太尉。」呂后復問其次，上曰：「此後亦非而所知也。」⑲

此皆知人之論。

自知者明，如秦國賢者趙良勸諫商鞅反聽內視是也。《史記・商君傳》云：

商君曰：「子不說吾治秦與？」趙良曰：「反聽之謂聰，內視之謂明，自勝之謂強。虞舜有言曰：『自卑也尚矣。』君不若道虞舜之道，無爲問僕矣。」⑳

以自我反省，可謂切中肯綮之論。

自勝者強，強行者有志。如蘇秦縣樑刺股，發憤圖強，說服六國，以爲縱約長，兼相六國。《戰國策・秦策》蘇秦始將連橫：

說秦王書十上而說不行。黑貂之裘弊，黃金百斤盡，資用乏絕，去秦而歸。羸縢履蹻，負書擔橐，形容枯槁，面目犂黑，狀有歸色。歸至家，妻不下　，嫂不爲炊，父母不與言。蘇秦喟然歎曰：「妻不以我爲夫，嫂不以我爲叔，父母不以我爲子，是皆秦之罪也。」乃夜發書，陳篋數十，得太公陰符之謀，伏而誦之，簡練以爲揣摩。讀書欲睡，引錐自刺其股，血流至足。曰：「安有說人主不能出其金玉錦繡，取卿相之尊者乎？」期年揣摩成，曰：「此真可以說當世之君矣！」……將說楚王，路過洛陽，父母聞之，清宮除道，張樂設飲，郊迎三十里。妻側目而視，傾耳而聽；嫂虵行匍伏，四拜自跪而謝。蘇秦曰：「嫂，何前倨而後卑也？」嫂曰：「以季子之位尊而多金。」蘇秦曰：「嗟乎！貧窮則父母不子，富貴則親戚威懼。人生世上，勢位富貴，蓋可忽乎哉！」㉑

知足者富，如顏淵是也。《史記・仲尼弟子列傳》云：

顏回者，魯人也，字子淵。少孔子三十歲。顏淵問仁，孔子曰：「克己復禮，天下歸仁焉。」孔子曰：「賢哉回也！一簞食，一瓢飲，在陋巷，人不堪其憂，回也不改其樂」。「回也如愚，退而省其私，亦足以發，回也不愚。」「用之則行，捨之則藏，唯我與爾有是夫！」回年二十九，髮盡白，蚤死。孔子哭之慟，曰：「自吾有回，門人益親。」魯哀公問：「弟子孰爲好學？」孔子對曰：「有顏回者好學，不遷怒，不貳過。不幸短命死矣，今也則亡。」㉒

嗚呼！貧而好學，可謂知足而富矣。惜天不假年，何其悲哉！

不失其所者久，死而不亡者壽。如文天祥者，身亡道存，薪盡火傳，富貴不淫，威武不屈，身雖逝而精神永存，可爲世人之典則。《宋史・文天祥傳》云：

天祥至潮陽，見弘範，左右命之拜，不拜，弘範遂以客禮見之，與俱入厓山，使爲書招張世傑。天祥曰：「吾不能扞父母，乃教人叛父母，可乎？」索之固，乃書所過零丁洋詩與之。其末有云：「人生自古誰無死，留取丹心照汗青。」弘範笑而置之。厓山破，軍中置酒大會，弘範曰：「國亡，丞相忠孝盡矣，能改心以事宋者事皇上，將不失爲宰相也。」天祥泫然出涕，曰：「國亡不能捄，爲人臣者死有餘罪，況敢逃其死而二其心乎？」弘範義之，遣使護送天祥至京師。……至元十九年，有閩僧言土星犯帝坐，疑有變。未幾，中山有狂人自稱「宋主」，有兵千人，欲取文丞相。京城亦有匿名書，言某日燒蓑城葦，率兩翼兵爲亂，丞相可無憂者。時盜新殺左丞相阿合馬，命撤城葦，遷瀛國公及宋宗室開平，疑丞相者天祥也。召入諭之曰：「汝何願？」天祥對曰：「天祥受宋恩，爲宰相，安事二姓？願賜之一死足矣。」然猶不忍，遽麾之退。言者力贊從天祥之請，從之。俄有詔使止之，天祥死矣。天祥臨刑殊從容，謂吏卒曰：「吾事畢矣。」南鄉拜而死。數日，其妻歐陽氏收其屍，面如生，年四十七。其衣帶中有贊曰：「孔曰成仁，孟曰取義，惟其義盡，所以仁至。讀聖賢書，所學何事，而今而後，庶幾無媿。」㉓

天祥可謂求仁而得仁，正氣長存矣！

【附 注】

① 《論語注疏・里仁》第四，頁三上，總頁三七。

② 郭慶藩《莊子集釋》卷九下，〈讓王〉第二十八，頁九七五—九七七。

③ 葉程義《莊子寓言研究》，⒁〈原憲貧而樂〉，頁二六二。

④ 同注②，卷五上，〈天地〉第十二，頁四二〇—四二三。

⑤同注③，⒀〈華封人論壽富多男子〉，頁一三八。
⑥同注②，卷六下，〈至樂〉第十八，頁六一七—六一九。
⑦同注③，⒁〈髑髏之言〉，頁一七四。
⑧同注②，卷六下，〈至樂〉第十八，頁六一四。
⑨同注③，⒂〈莊子妻死鼓盆而歌〉，頁一七二。
⑩同注②，卷十上，〈列禦寇〉第三十二，頁一〇六三。
⑪同注③，⒆〈莊子以天地爲棺槨〉，頁二九一。
⑫同注②，卷二上，〈養生主〉第三，頁一二七。
⑬同注③，⒄〈秦失弔老聃〉，頁九六。
⑭同注②，卷三上，〈大宗師〉第六，頁二五八—二六二。
⑮同注③，⒀〈祀輿犁來四友〉，頁一一六。
⑯同注②，卷三上，〈大宗師〉第六，頁二六四—二七三。
⑰《史記．晉世家》第九，卷三十九，頁一六八二。
⑱同上，〈商君列傳〉第八，卷六十八，頁二二三四—二二三五。
⑲同上，〈高祖本紀〉第八，卷八，頁三八〇—三九二。
⑳同注⑱，頁二二三三—二二三四。

㉑《戰國策・秦策》卷三，頁八五—九〇。

㉒《史記・仲尼弟子列傳》第七，卷六十七，頁二一八七—二一八八。

㉓《宋史・文天祥傳》第一七七，卷四一八，頁一二五三八—一二五四〇。

三十四章

大道氾兮，其可左右。萬物恃之而生而不辭，功成不名有，衣養萬物而不為主。常無欲，可名於小；萬物歸焉而不為主，可名於大。①以其終不自為大，故能成其大。

本章主旨在闡述大道博大精深，廣闊無邊，如水之廣泛，無所不在，滋養萬物，而不居其功也。其大意爲：大道如水，周流六虛，廣闊博大，無所不至。萬物俱蒙其潤澤，依賴其生長，而道不以言行干涉；萬物由道而形成，而道不自以爲有功；萬物俱受道之保護養育，而道不自以爲主宰，任其自由發展。道隱無名，無私無爲，不見不聞，而造福萬物，故可謂虛無微小。然道作用無窮，萬物不離其道，而莫不歸之於道，故可謂廣闊博大。然而道始終不自以廣大，不辭、不有、不主、無欲，所以反而能成就其偉大也。

大道氾兮，其可左右，此即漆園所謂道無所不在也。《莊子・知北遊》云：

東郭子問於莊子曰：「所謂道，惡乎在？」莊子曰：「無所不在。」東郭子曰：「期而後可。」莊子曰：「在螻蟻。」曰：「何其下邪？」曰：「在稊稗。」曰：「何其愈下邪？」曰：「在瓦甓。」曰：「何其愈甚邪？」曰：「在屎溺。」東郭子不應。莊子曰：「夫子之問也，固不及質。正獲之問於監市履狶也，每下愈況。汝唯莫必，無乎逃物。至道若是，大言亦然。周徧咸三者，異名同實，其指一也。」②

夫道無所不在，既無貴賤，亦無界限。庸俗之徒，以爲道甚尊貴，高不可攀；莊子謂道在屎溺，常人以爲臭穢不堪，豈有道邪？茲就醫學言：醫生欲知病情，常抽取病人之血液或屎溺而化驗之，其間豈非大有學問哉！莊生之言，誠不我欺也。③

大道氾濫，無所不適，猶如佛家所謂即心是佛。《指月錄》卷九載：

明州大梅山法常禪師，初參大寂問：「如何是佛？」寂曰：「即心是佛。」師即大悟，遂之四明梅子真舊隱，縛茆燕處。寂聞師住山，乃令僧問：「和尚見馬大師，得個甚麼便住此山？」師曰：「大師向我道即心是佛，我便向這裡住。」僧曰：「大師近日佛法又別」。師曰：「作麼生？」曰：「又道非心非佛。」師曰：「這老漢惑亂人未有了日，任他非心非佛，我祇管即心即佛。」其僧回舉似寂。寂曰：「梅子熟也。」④

又《指月錄》卷五載〈江西道一禪師〉：

僧問：「和尚爲甚麼說即心即佛？」曰：「爲止小兒啼。」曰：「啼止時如何？」師曰：「非心非佛。」曰：「除此二種人來，如何指示？」師曰：「向伊道不是物。」曰：「忽遇其中人來時如何？」曰：「且教伊體會大道。」肯堂充即心即佛頌云：「美似楊妃離玉閣，嬌如西子下瓊樓，日月與君花下醉，更嫌何處不風流。」牧菴忠非心非佛頌云：「二月風光景氣涼，少年公子御街遊，御床踞坐傾杯酒，三個孩童打馬毬。」⑤

《涅槃經》卷二十載：

如彼嬰兒啼哭之時，父母即以楊樹黄葉而語之言：「莫啼，莫啼！我與汝金！」嬰兒見已，生真金想，便止不啼。然此黄葉實非金也。是故，泥塑木雕之佛，亦非真佛，爲誘導衆生而開之方便法門也。⑥

以其終不自爲大，故能成其大，如藺相如者，可謂得其旨矣。《史記・廉頗、藺相如列傳》：

既罷歸國，以相如功大，拜爲上卿，位在廉頗之右。廉頗曰：「我爲趙將，有攻城野戰之大功，而藺相如徒以口舌爲勞，而位居我上，且相如素賤人，吾羞，不忍爲之下。」宣言曰：「我見相如，必辱之。」相如聞，不肯與會。相如每朝時，常稱病，不欲與廉頗爭列。已而相如出，望見廉頗，相如引車避匿。於是舍人相與諫曰：「臣所以去親戚而事君者，徒慕君之高義也。今君與廉頗同列，廉頗宣惡言而君畏匿之，恐懼殊甚，且庸人尚羞之，況於將相乎！臣等不肖，請辭去。」藺相如固止之，曰：「公之視廉將軍孰與秦王？」曰：「不若也。」相如曰：「夫以秦王之盛，而相如廷叱之，辱其群臣，相如雖駑，獨畏廉將軍哉？顧吾念之，強秦之所以不敢加兵於趙者，徒以爲吾人在也。今兩虎共鬥，其勢不俱生。吾所以爲此者，以先國家之急而私後讎也。」廉頗聞之，肉袒負荊，因賓客至藺相如門謝罪。曰：「鄙賤之人，不知將軍寬之至此也。」卒相與驩，爲刎頸之交。⑦

其寬如此，有容乃大，可謂得其三昧矣。

【附注】

①蔣錫昌《老子校詁》（頁二三九）云：「於」「爲」雖通，然王本作「於」。王注：「此不爲小，故復可名於大矣。」可證，當據改正。程義案：景龍碑、帛書本，皆作「可名於大」，當從之。（許抗生《帛書老子注譯與研究》頁一二六）

②郭慶藩《莊子集釋》卷七下，〈知北遊〉第二十二，頁七四九—七五〇。

③葉程義《莊子寓言研究》，(132)〈每下愈況〉，頁二一五。

④《指月錄》卷九，頁二四七上。（台北市，佛教出版社，民國七十二年，《佛教大藏經》第一五六冊。）

⑤同上，卷五，頁一四四上。

⑥《涅槃經》卷二十。（《佛教大藏經》第二十二冊）

⑦《史記・廉頗、藺相如列傳》卷八十一，頁二四四三。

三十五章

執大象，天下往。往而不害，安平太。樂與餌，過客止。道之出口，淡乎其無味，視之不足見，聽之不足聞，用之不足既。

本章主旨在闡述大道雖無形，而用之不盡，取之不竭。音樂美食，雖有聲味，僅能滿足耳目口腹之欲。其大意爲：聖君循無爲大道而治理，則萬民擁戴。歸依有道之人，必然有益而無害，享受平安康樂之生活。悅耳之音樂，山珍海味之佳餚，僅能吸引熙來攘往之過客止步，留連忘返而已。道若出之於口，發而爲言，則淡而無味，不若音樂美食之可欲。道體無形：視之，無五色之可悅目；聽之，無五音之可怡耳；用之，妙用無窮，而得長治久安之樂。

執大象，安平太者，亦如漆園所謂天下平均，無攻戰殺戮者，由此道也。《莊子達生》云：

子列子問關尹曰：「至人潛行不窒，蹈火不熱，行乎萬物之上而不慄。請問何以至於此？」關尹曰：「是純氣之守也，非知巧果敢之列。居，予語女！凡有貌象聲色者，皆物也，物與物何以相遠？夫奚足以至乎先？是色而已。則物之造乎不形而止乎無所化，夫得是而窮之者，物焉得而止焉！彼將處乎不淫之度，而藏乎無端之紀，游乎萬物之所終始，壹其性，養其氣，合其德，以通乎物之所造。夫若是者，其天守全，其神無卻，物奚自入焉！夫醉者之墜車，雖疾不死。骨節與人同而犯害與人異，其神全也，乘亦不知也，墜亦不知也，死生驚懼不入乎其胸中，是故 物而不慴。彼得全於酒而猶若是，而況得全於天乎？聖人藏於天，故莫之能傷也。復讎者不折鏌干，雖有忮心者不怨飄瓦，是以天下平均。故無攻戰之亂，無殺戮之刑者，由此道也。不開人之天，而開天之天，開天者德生，開人者賊生。不厭其天，不忽於人，民幾乎以其真。」①

夫嬰兒墜樓，雖傷不死，因嬰兒不知墜樓之險，故恐懼死亡暗陰不入於心，雖皮傷骨折，不致於死，反之亦然。如死囚臨刑，間有刀槍未入，毫髮未傷，而已魂飛魄散，其故安在？恐懼死亡之情，已入於心也。

②

夫道淡而無味，漆園所謂以恬養知是也。《莊子・繕性》云：

古之治道者，以恬養知；知生而無以知爲也，謂之以知養恬。知與恬交相養，而和理出其性。夫德，和也；道，理也。德無不容，仁也；道無不理，義也；義明而物親，忠也；中純實而反乎情，樂也；信行容體而順乎文，禮也。禮樂徧行，則天下亂矣。彼正而蒙己德，德則不冒，冒則物必失其性也。③

夫樂與餌美，而道淡乎無味者。《百喻經》卷第一〈愚人食鹽喻〉：

昔有愚人，至於他家，主人與食，嫌淡無味，主人聞已，更爲益鹽。既得鹽美，便自念言，所以美者，緣有鹽故，少有尚爾，況復多也。愚人無智，便空食鹽，食已口爽，返爲其患。譬彼外道，聞節飲食，可以得道，即便斷食，或經七日，或十五日，徒自困餓，無益於道。如彼愚人，以鹽美故，而空食之，致令口爽，此亦復爾。④

鹽雖美味，而非道也，多食無益，反而有害。道雖淡而無味，然有益於身心也。

執大象，天下往，宓安子賤可謂得其三昧矣。《史記・仲尼弟子列傳》云：

宓不齊字子賤。少孔子三十歲。孔子謂「子賤君子哉！魯無君子，斯焉取斯？」子賤爲單父宰，反命於孔子曰：「此國有賢不齊者五人，教不齊所以治者。」孔子曰：「惜哉！不齊所治者小，所治者大則庶幾矣。」《正義》引《說苑》云：「宓子賤理單父，彈琴，身不下堂，單父理。巫馬期以星出，以星入，而單父亦理。巫馬期問其故。宓子賤曰：『我之謂任人，子之謂任力。任力者勞，任人者逸。』」⑤

宓子賤之任人，得執大象之旨矣。《論語・先進》篇載夫子與弟子論志：曾點曰：「莫春者，春服既成，冠者五六人，童子六七人，浴乎沂，風乎舞雩，泳而歸。」夫子喟然嘆曰：「吾與點也！」⑥咸得老子無爲之道矣。

【附　注】

① 郭慶藩《莊子集釋》卷七上，〈達生〉第十九，頁六三六—六三八。

② 葉程義《莊子寓言研究》，(86)〈醉者墜車〉，頁一七八。

③ 同注①，卷六上，〈繕性〉第十六，頁五四八。

④《百喩經》卷第一，頁六十六，總頁一三二。（台北市，佛教出版社，民國六十七年，《佛教大藏經》第五十一冊。）

⑤《史記・仲尼弟子列傳》第七，卷六十七，頁二二〇六。

⑥《論語注疏・先進》第十一，頁十，總頁一〇〇。

三十六章

將欲歙之，必固張之；將欲弱之，必固強之；將欲廢之，必固舉之；①將欲奪之，必固與之。是謂微明。柔弱勝剛強。魚不可脫於淵，國之利器，不可以示人。

本章主旨在闡述柔弱勝剛強之理，舉出歙張、弱強、廢興、奪與等相反之作用，以隨機應變也。其大意爲：宇宙事物，有物極必反，周而復始之理；有陰晴圓缺，悲歡離合之象，以此自然之道，處理事物，將欲收縮之，不妨姑且鬆弛之；將欲削弱之，不妨姑且加強之；將欲廢棄之，不妨姑且提舉之；將欲奪取之，不妨姑且讓與之。此之謂見微知著，察其先機，防患未然也。總而言之，柔可克剛，弱能勝強。猶如魚不能脫離深淵柔水，治國之利器法寶，不可以輕易示人，洩漏天機；更不可施之於人，否則，輕則傷身，重則亡國。

物極必反，勢強必弱，此乃自然之理，漆園所謂反復循環，終則有始也。《莊子・秋水》云：河伯曰：「然則我何爲乎？何不爲乎？吾辭受趣舍，吾終奈何？」北海若曰：「以道觀之，何貴何賤，是謂反衍；無拘而志，與道大蹇。何少何多，是謂謝施；無一而行，與道參差。嚴嚴乎若國之有君，其無私德；繇繇乎若祭之有社，其無私福；泛泛乎若四方之無窮，其無所畛域。兼懷萬物，其孰承翼？是謂無方。萬物一齊，孰短孰長？道無終始，物有死生，不恃其成；一虛一滿，不位乎其形。年不可舉，時不可止；消息盈虛，終則有始。是所以語大義之方，論萬物之理也。物之生也，若驟若馳，無動而不變，無時而不移。何爲乎？何不爲乎？夫固將自化。」②

言道無終始，物有死生，反復循環，新陳代謝，生生不息，此自然之道也。③

夫柔弱勝剛強者，漆園所謂窮有八極，達有三必是也。《莊子・列禦寇》云：

窮有八極，達有三必，形有六府。美髯長大壯麗勇敢，八者俱過人也，因以是窮。緣循，偃佒，困畏不若人，三者俱通達。知慧外通，勇動多怨，仁義多責。達生之情者傀，達於知者肖；達大命者隨，達小命者遭。④

蓋蘊此八事，超過常人，受役既多，因以窮困也。有此三事，不如恆人，所在通達也。則弱之勝強也明矣。

欲歙固張者，如句踐之俟夫差驕奢淫佚而後滅之。《史記・吳太伯世家》云：

越王句踐率其衆以朝吳，厚獻遺之，吳王喜。唯子胥懼，曰：「是棄吳也。」諫曰：「越在腹心，今得志於齊，猶石田，無所用。且盤庚之誥有顛越勿遺，商之以興。」吳王不聽，使子胥於齊，子胥屬其子於齊鮑氏，還報吳王。吳王聞之，大怒，賜子胥屬鏤之劍以死。將死，曰：「樹吾墓上以梓，令可爲器。抉吾眼置之吳東門，以觀越之滅吳也。」……十四年春，吳王北會諸侯於黃池，欲霸中國以全周室。六月丙子，越王句踐伐吳。乙酉，越五千人與吳戰。丙戌，虜吳太子友。丁亥，入吳。吳人告敗於王夫差，夫差惡其聞也。或泄其語，吳王怒，斬七人於幕下。七月辛丑，吳王與晉定公爭長。吳王曰：「於周室我爲長。」晉定公曰：「於姬姓我爲伯。」趙鞅怒，將伐吳，乃長晉定公。吳王已盟，與晉別，欲伐宋。太宰嚭曰：「可勝而不能居也。」乃引兵歸國。國亡太子，內空，王居外久，士皆罷敝，於是乃使厚幣以與越平。……二十三年十一月丁卯，越敗吳。越王句踐欲遷吳王夫差於甬東，予百家居之。吳王曰：「孤老矣，不能事君王也。吾悔不用子胥之言，自令陷此。」遂自剄死。⑤

欲弱固強者，如鄭伯克段於鄢。《左傳・隱公元年》云：

祭仲曰：「都城過百雉，國之害也。先王之制，大都不過參國之一，中五之一，小九之一。今京不度，非制也，君將不堪。」公曰：「姜氏欲之，焉辟害。」對曰：「姜氏何厭之有？不如早爲之所，無使滋蔓，蔓難圖也。蔓草猶不可除，況君之寵弟乎？」公曰：「多行不義，必自斃，子姑待之。」既而大叔命西鄙北鄙貳於己。公子呂曰：「國不堪貳。君將若之何？欲與大叔，臣請事之。若弗與，則請除之，無生民心。」公曰：「無庸，將自及。」大叔又收貳以爲己邑，至于廩延。子封曰：「可矣！厚將得衆。」公曰：「不義不暱，厚將崩。」大叔完聚，繕甲兵，具卒乘，將襲鄭，夫人將啟之。公聞其期曰：「可矣。」命子封帥車二百乘以伐京，京叛大叔段。段入于鄢，公伐諸鄢。五月辛丑，大叔出奔共。書曰：「鄭伯克段于鄢。」⑥

欲廢固舉者，如劉邦姑立韓信爲齊王而後斬之。《史記・淮陰侯列傳》云：

漢四年，遂皆降平齊。使人言漢王曰：「齊僞詐多變，反覆之國也，南邊楚，不爲假王以鎮之，其勢不定。願爲假王便。」當是時，楚方急圍漢王於滎陽，韓信使者至，發書，漢王大怒，罵曰：「吾困於此，旦暮望若來佐我，乃欲自立爲王！」張良、陳平躡漢王足，因附耳語曰：「漢方不利，寧能禁信之王乎？不如因而立，善遇之，使自爲守。不然，變生。」漢王亦悟，因復罵曰：「大丈夫定諸侯，即爲真王耳，何以假爲！」乃遣張良往立信爲齊王，徵其兵擊楚。……漢六年，人有上書告楚王信反。高帝以陳平計，天子巡狩會諸侯，南方有雲夢，發使告諸侯會陳：「吾將遊雲夢。」實欲襲信，信弗知。高祖且至楚，信欲發兵反，自度無罪，欲謁上，恐見禽。人或說信曰：「斬眛謁上，上必喜，無患。」信見眛計事。眛曰：「漢所以不擊取楚，以眛在公所。若欲捕我以自媚於漢，吾今日死，公亦隨手亡矣。」乃罵信曰：「公非長者！」卒自剄。信持其首，謁高祖於陳。上令武士縛信，載後車。信曰：「果若人言，『狡兔死，良狗亨；高鳥盡，良弓藏；敵國破，謀臣亡。』天下已定，我固當亨！」上曰：「人告公反。」遂械繫信。⑦

嗚呼！欲加之罪，何患無辭？信悔不用蒯通之計，身首異處，禍夷三族。何其悲哉！

欲奪固予者，如晉獻公以璧馬借道於虞而伐虢。《穀梁傳》僖公二年云：

晉獻公欲伐虢，荀息曰：「君何不以屈產之乘，垂棘之璧，而借道乎虞也？」公曰：「此晉國之寶也！如受吾幣，而不借吾道，則如之何？」荀息曰：「此小國之所以事大國也，彼不借吾道，必不敢受吾幣。如受吾幣而借吾道，則是我取之中府而藏之外府，取之中廄而置之外廄也！」公曰：「宮之奇存焉，必不使受之也。」荀息曰：「宮之奇之爲人也，達心而懦，又少長于君。達心則其言略，懦則不能強諫，少長於君，則君輕之。且夫玩好在耳目之前，而患在一國之後，此中知以上，乃能慮之。臣料虞君中知以下也。」公遂借道而伐虢。宮之奇諫曰：「晉國之使者，其辭卑而幣重，必不便於虞。」虞公弗聽，遂受其幣而借之道。宮之奇又諫曰：「語曰：『脣亡則齒寒。』其斯之謂與？」挈其妻子以奔曹。獻公亡虢，五年，而後舉虞。荀息牽馬操璧而前曰：「璧則猶是也，而馬齒加長矣。」⑧

噫！荀息以「完璧歸晉，馬齒徒增」，語含譏刺。後世貪得好利之徒，能不以此爲戒乎？老子「欲奪固予」之言，誠不我欺也。

【附　注】

① 勞健曰：「興」當作「舉」，叶下句「必固與之」。其說是也，今據改。（朱謙之《老子校釋》〈老子道經〉三十六章，頁九三。台北市，里仁書局，民國七十二年，《老子釋譯》本。）

② 郭慶藩《莊子集釋》卷六下，〈秋水〉第十七，頁五八四。

③ 葉程義《莊子寓言研究》，(74)〈河伯與海若論道〉，頁一六四。

④ 同注②，卷十上，〈列禦寇〉第三十二，頁一〇五八—一〇五九。

⑤ 《史記‧吳太伯世家》第一，卷三十一，頁一四七二—一四七五。

⑥ 《春秋左傳注疏》卷二，頁十六—十八，總頁三十五—三十六。

⑦《史記·淮陰侯列傳》第三十二，卷九十二，頁二六二一。

⑧《春秋穀梁傳注疏》僖公二年，卷第七，頁五—六，總頁七一。

三十七章

道常無為而無不為，侯王若能守之，萬物將自化。化而欲作，吾將鎮之以無名之樸。鎮之以無名之樸，①夫亦將無欲。不欲以靜，天地將自正。②

本章主旨在闡述道常無爲而無不爲之旨。其大意爲：道體經常虛靜，順應自然，似乎無所作爲，然而宇宙萬物，由道而生長，則又無不爲也。侯王施政，若能守道而行，則萬民亦將自然而然，潛移默化。然而處於繁華之世界中，難免會產生私慾，熙來攘往，爭名逐利，則以道之眞樸本質治理之。以「無名之樸」治之，使民德歸於淳厚，無欲而清靜，則天地萬物自然趨於正常之道。

道常無爲而無不爲，漆園所謂虛靜恬淡寂漠無爲者是也。《莊子・天道》云：

天道運而無所積，故萬物成；帝道運而無所積，故天下歸；聖道運而無所積，故海內服。明於天，通於聖，六通四辟於帝王之德者，其自爲也，昧然無不靜者矣。聖人之靜也，非曰靜也善，故靜也；萬物無足以鐃心者，故靜也。水靜則明燭鬚眉，平中準，大匠取法焉。水靜猶明，而況精神！聖人之心靜乎！天地之鑒也，萬物之鏡也。夫虛靜恬淡寂漠無爲者，天地之平而道德之至，故帝王聖人休焉。休則虛，虛則實，實者倫矣。虛則靜，靜則動，動則得矣。靜則無爲，無爲也則任事者責矣。無爲則俞俞，俞俞者憂患不能處，年壽長矣。夫虛靜恬淡寂漠無爲者，萬物之本也。明此以南鄉，堯之爲君也；明此以北面，舜之爲臣也。以此處上，帝王天子之德也；以此處下，玄聖素王之道也。以此退居而閒遊江海，山林之士服；以此進爲而撫世，則功大名顯而天下一也。靜而聖，動而王，無爲也而尊，樸素而天下莫能與之爭美。夫明白於天地之德者，此之謂大本大宗，與天和者也；所以均調天下，與天和者也。與人和者，謂之人樂；與人和者，謂之天樂。莊子曰：「吾師乎！吾師乎！韲萬物而不爲戾，澤及萬世而不爲仁，長於上古而不爲壽，覆載天地刻雕衆形而不爲巧，此之謂天樂。故曰：『知天樂者，其生也天行，其死也物化。靜而與陰同德，動而與陽同波。』故知天樂者，無天怨，無人非，無物累，無鬼責。故曰：『其動也天，其靜也地，一心定而王天下；其鬼不祟，其魂不疲，一心定而萬物服。』言以虛靜推於天地，通於萬物，此之謂天樂。天樂者，聖人之心，以畜天下也。」③

不欲以靜，天下將自定者，如漆園所謂無欲而天下足是也。《莊子・天地》云：

天地雖大，其化均也；萬物雖多，其治一也；人卒雖衆，其主君也。君原於德而成於天，故曰，玄古之君天下，無爲也，天德而已矣。以道觀言而天下之君正，以道觀分而君臣之義明，以道觀能而天下之官治，以道汎觀而萬物之應備。故通於天地者，德也；行於萬物者，道也；上治人者，事也；能有所藝者，技也。技兼於事，事兼於義，義兼於德，德兼於道，道兼於天。故曰，古之畜天下者，無欲而天下足，無爲而萬物化，淵靜而百姓定。記曰：「通於一而萬事畢，無心得而鬼神服。」④

侯王若能守之，萬物將自化，亦即聖人處無爲之事，順乎萬物自然之本性，如大禹治水，順乎水性，解除水患；反之，如禹父鯀之治水，違背水性，治水九年而水患不息，爲政之道，亦復如是也。《史記·夏本紀》云：

當帝堯之時，鴻水滔天，浩浩懷山襄陵，下民其憂。堯求能治水者，群臣四嶽皆曰鯀可。堯曰：「鯀爲人負命毀族，不可。」四嶽曰：「等之未有賢於鯀者，願帝試之。」於是堯聽四嶽，用鯀治水。九年而水患不息，功用不成。於是帝堯乃求人，更得舜。舜登用，攝行天子之政，巡狩。行視鯀之治水無狀，乃殛鯀於羽山以死。天下皆以舜之誅爲是。於是舜舉鯀子禹，而使續鯀之業。……禹乃遂與益、后稷奉帝命，命諸侯百姓興人徒以傅土，行山表木，定高山大川。禹傷先人父鯀功之不成受誅，乃勞身焦思，居外十三年，過家門不敢入。薄衣食，致孝于鬼神。卑宮室，致費於溝減。陸行乘車，水行乘船，泥行乘橇，山行乘檋。左準繩，右規矩，載四時，以開九州，通九道，陂九澤，度九山。令益予衆庶稻，可種卑溼。命后稷予衆庶難得之食。食少，調有餘相給，以均諸侯。禹乃行相地宜所有以貢，及山川之便利。……東漸于海，西被于流沙，朔、南暨：聲教訖于四海。於是帝錫禹玄圭，以告成功于天下。天下於是太平治。⑤

夫水可載舟，亦可覆舟；順乎水性而治水，故禹成功，違反水性而治水，故鯀失敗。民猶水也，應予疏導，不可防堵。夫防民之口，甚於防川也。是故順乎民心，則國治，違反民心，則國亡。如子產之不毀鄉校。《左傳》襄公三十一年云：

鄭人游于鄉校，以論執政。然明謂子產曰：「毀鄉校如何？」子產曰：「何爲？夫人朝夕退而游焉，以議執政之善否；其所善者，吾則行之；其所惡者，吾則改之；是吾師也，若之何毀之？我聞忠善以損怨，不聞作威以防怨。豈不遽止？然猶防川，大決所犯，傷人必多，吾不克救也；不如小決使道，不如吾聞而藥之也。」然明曰：「蔑也，今而後知吾子之信可事也，小人實不才，若果行此，其鄭國實賴之，豈唯二三臣？」仲尼聞是語也，曰：「以是觀之，人謂子產不仁，吾不信也。」⑥

子產以治水喻治民，可謂善得老子之旨矣。

又如《國語・周語上》邵公諫厲王弭謗：

厲王虐，國人謗王。邵公告曰：「民不堪命矣！」王怒，得衛巫，使監謗者，以告，則殺之。國人莫敢言，道路以目。王喜，告邵公曰：「吾能弭謗矣，乃不敢言。」邵公曰：「是障之也。防民之口，甚於防川。川壅而潰，傷人必多，民亦如之。是故爲川者決之使導，爲民者宣之使言。故天子聽政，使公卿至於列士獻詩，瞽獻曲，史獻書，師箴，瞍賦，矇誦，百工諫，庶人傳語，近臣盡規，親戚補察，瞽、史教誨，耆、艾修之，而後王斟酌焉，是以事行而不悖。民之有口，猶土之有山川也，財用於是乎出，猶其原隰之有衍沃也，衣食於是乎生。口之宣言也，善敗於是乎興，行善而備敗，其所以阜財用、衣食者也。夫民慮之於心而宣之於口，成而行之，胡可壅也？若壅其口，其與能幾何？」王不聽，於是國莫敢出言，三年，乃流王於彘。⑦

厲王不納忠言，不順民心，終遭放逐，何其愚也！

又如《戰國策・齊策》鄒忌諷齊王納諫：

鄒忌脩八尺有餘，身體昳麗。朝服衣冠窺鏡，謂其妻曰：「我孰與城北徐公美？」其妻曰：「君美甚，徐公何能及公也！」城北徐公，齊國之美麗者也。忌不自信，而復問其妾曰：「吾孰與徐公美？」妾曰：「徐公何能及君也！」旦日，客從外來，與坐談，問之客曰：「吾與徐公孰美？」客曰：「徐公不若君之美也！」明日，徐公來。孰視之，自以爲不如；窺鏡而自視，又弗如遠甚。暮，寢而思之曰：「吾妻之美我者，私我也；妾之美我者，畏我也；客之美我者，欲有求於我也。」於是入朝見威王曰：「臣誠知不如徐公美，臣之妻私臣，臣之妾畏臣，臣之客欲有求於臣，皆以美於徐公。今齊地方千里，百二十城，宮婦左右，莫不私王；朝廷之臣，莫不畏王；四境之內，莫不有求於王。由此觀之，王之蔽甚矣！」王曰：「善。」乃下令：「群臣吏民，能面刺寡人之過者，受上賞；上書諫寡人者，受中賞；能謗議於市朝，聞寡人之耳者，受下賞。」令初下，群臣進諫，門庭若市。數月之後，時時而間進。期年之後，雖欲言，無可進者。燕、趙、韓、魏聞之，皆朝於齊。此所謂戰勝於朝廷。⑧

齊王接納忠言，順應民心，宣洩民口，而國大治，天下歸往。老子之言，誠不我欺也。

【附　注】

① 易順鼎曰：按釋文大書「吾將鎭之以無名之樸，夫亦將無欲」十四字，則今本重「無名之樸」四字，乃涉上文而衍。蔣錫昌云：強本成疏引經文云：「無名之樸，亦將不欲。」是成作「無名之樸，亦將不欲。」釋文不重「無名之樸」四字，恐係脫去。諭義，有之爲是。（蔣錫昌《老子校詁》頁二四二）程義案：帛書老子甲乙本皆作「化而欲作，吾將鎭之以無名之樸，鎭之以無名之樸，夫將不辱。」今從之。（許抗生《帛書老子注譯與研究》頁一二九）

② 蔣錫昌云：五十七章：「我好靜而民自正。」與此文異誼同。彼作「自正」，而此作「自定」者，以「靜」「定」爲韻耳。強本成疏引經文云：「不欲以靜，天下自正。」則成無「將」字，「定」作「正」。（《老子校詁》頁二四三）程義案：帛書老子甲乙本皆作「天地將自正」，今從之。（許抗生《帛書老子注譯與研究》頁一三〇）

③ 郭慶藩《莊子集釋》卷五中，〈天道〉第十三，頁四五七—四六三。

④ 同上，卷五上，〈天地〉第十二，頁四〇三—四〇四。

⑤ 《史記・夏本紀》第二，卷二，頁五〇—七七。

⑥ 《春秋左傳注疏》卷四十，頁二十一—二十一，總頁六八八—六八九。

⑦ 《國語・周語》上，卷一，頁九—十。

⑧ 《戰國策・齊策》卷八，頁三二四—三二六。

丙、結　論

綜上所論，得其蠡測，犖犖大者，歸納數端。茲縷陳於后：

一、宇宙論——道生萬物

㈠、道似「有」「無」而生養萬物

老子以爲宇宙之形成，由於「道」生，「道」爲形而上之學，無形、無聲、無色，故以「無」稱之，爲天地自然道理之根源。「有」爲形而下之學，有形、有聲、有色，故以「有」名之，爲宇宙萬物現象之創始。故一章云：

無、名之天地之始；有、名萬物之母。

「無」中生「有」，「有」生萬物。四十章云：

天下萬物生於有，有生於無。

是故「道」生萬物。四十二章云：

道生一，一生二，二生三，三生萬物。

㈡、道如山谷而化育萬物

「道」不僅生養萬物，而且化育萬物。道如山谷空虛，化育萬物，神妙莫測，不生不滅，永無窮盡，陰陽交合，生生不息，故曰爲萬物生殖之母。其生殖之樞機，亦即天地之根源。六章云：

谷神不死，是謂元牝，元牝之門，是謂天地根。

五十一章云：

道生之，德畜之，物形之，勢成之。道之尊，德之貴，夫莫之命而常自然。故道生之，德畜之，長之育之，亭之毒之，養之廢之。

㈢、道體恍惚而包容萬物

太初之道，其雖無形，非視聽觸摸可得，但其超越時空而存在，永恆而不變，充滿宇宙之間，故可推古御今，由遠推近，悟而得之，執簡而御繁也。十四章云：

視之不見名曰夷，聽之不聞名曰希，摶之不得名曰微。此三者不可致詰，故混而爲一。其上不皦，其下不昧，繩繩不可名，復歸於無物。是謂無狀之狀，無物之象，是謂惚恍。迎之不見其首，隨之不見其後。執古之道，以御今之有。能知古始，是謂道紀。

所謂道者，其以物言，恍恍惚惚，若有若無，似實似虛，其在恍惚中，具有宇宙形象，亦包容天地萬物。其在窈冥深淵中，極其精微。其精微之物，至爲眞實，信而有徵。從古至今，其發育萬物之名義，永存不變，蓋道爲創生萬物之根源，吾人何以知萬物與道之關係如此哉？即依據古之道，以御今之有也。二十一章云：

道爲之物，惟恍惟惚。惚兮恍兮，其中有象；恍兮惚兮，其中有物。窈兮冥兮，其中有精。其精甚真，其中有信。自古及今，其名不去，以閱衆甫。吾何以知衆甫之狀哉？此此。

㈣、道體渾然而生殖萬物

道深不可測，爲萬物所依歸。故四章云：

淵兮似萬物之宗。

道之爲物，渾然一體，未有天地，自古固存。聽之無聲，視之無形，廓然無偶，獨立長存，永久不變。無時不有，無所不在，周而復始，循環不息，宇宙事物，皆由之而生，故可稱謂天地萬物之根源。余誠難理解其名稱，不得已謂之曰道，勉強稱之爲大。以空間言：廣大無邊，無所不至。以時間言：自古至今，運行不息。充滿時空，無所不在，歸本還原，反樸歸眞。二十五章云：

有物混成，先天地生。寂兮寥兮，獨立不改，周行不殆，可以爲天下母。吾不知其名，字之曰道。強爲之名，曰大。大曰逝，逝曰遠，遠曰反。

㈤、道如流水而潤澤萬物

大道如水，周流六虛，廣闊博大，無所不至。萬物俱蒙其潤澤，依賴其而生長，而道不以言行干涉；萬物由道而形成，而道不自以爲有功；萬物俱受道之保護養育，而道不自以爲主宰，任其自由發展。道隱無名，無私無爲，不見不聞，而造福萬物，故可謂虛無微小。然道作用無窮，萬物不離其道，而莫不歸之於道，故可謂廣闊博大。然而道始終不自以廣大，不辭、不有、不主、無欲，所以反而能成就其偉大也。

三十四章云：

大道氾兮，其可左右。萬物恃之而生而不辭，功成不名有，衣養萬物而不爲主。常無欲，可名於小；萬物歸焉而不爲主，可名於大。以其終不自爲大，故能成其大。

由上所述，可以得其道生萬物之宇宙論矣。

二、相對論——相互倚存

(一)、有無相生而相輔爲用

老子以爲宇宙事物，相互而倚存。如「有」「無」相輔爲用：以車中空虛，則能載人運物，而有車之用，以器皿中間空虛，則能容物，而有器之用。以室內空虛，則可居人儲物，而有室之用。故十一章云：

三十輻，共一轂，當其無，有車之用。埏埴以爲器，當其無，有器之用。鑿戶牖以爲室，當其無，有室之用。故有之以爲利，無之以爲用。

(二)、美醜相隨而相互倚存

天下人咸知美之所以爲美，則醜之觀念亦隨之而生；咸知善之所以爲善，則惡之觀念亦隨之而生；是故，有與無是相互而產生，難與易是相互而形成，長與短是相互而顯示，高與下是相互而存在，音與聲是相互而和諧，前與後是相互而成序。職是之故，老子之所謂相對論，乃依自然之理，而是相互倚存，並相互對立也。故二十章云：

天下皆知美之爲美，斯惡已；皆知善之爲善，斯不善已。故有無相生，難易相成，長短相較，高下相傾，音聲相和，前後相隨。

唯榮譽與恥辱，美善與醜惡，蓋以時空因素，人爲成見，文飾詐僞，不易辨別，故相差無幾，而實相對並存。故二十五章云：

唯之與阿，相去幾何？善之與惡，相去若何？

故漆園嘗云：

世之爵祿不足以爲勸，戮恥不足以爲辱。①

(三)、禍福相倚而相隨並生

夫宇宙事理，委曲柔弱，始能求全；屈己謙讓，得以伸展；江海卑下，有容乃大；葉枯葉生，新陳代謝，無欲則剛，知足常樂；貪得無饜，迷惑本性。故二十二章云：

曲則全，枉則直，窪則盈，敝則新，少則多，多則惑。

如損益相存之論，四十二章云：

故物或損之而益，或益之而損。

又如禍福相倚之論，五十八章云：

禍兮福之所倚，福兮禍之所伏。

丙、結　論

塞翁失馬，焉知非福。②

由上所述，可以得其相互倚存之相對論矣。

三、天道論——自然無爲

㈠、功遂身退自然之道

老子以爲天地之道，自然無爲。功成則退，名就則隱，物有成住壞空，人有生老病死，此乃自然之現象也。九章云：

功遂，身退，天之道。

聖人無爲而治，不言而信，完成功業，辦妥事情，而百姓皆不知其所以然，以爲本來自然如此也。十七章云：

悠兮其貴言。功成、事遂，百姓皆謂：我自然。

㈡、周全普遍合乎自然

爲政之道，順乎自然，處無爲之事，行不言之教。至於狂風暴雨，震驚一時，旋即寧息，此乃天道失常，造出不自然之現象。二十三章云：

希言自然。故飄風不終朝，驟雨不終日。

能知自然之常道，則有廣大包容之量。有廣大包容之量，則能廓然大公。大公無私，則無不周全。周全普遍，則合乎自然。合乎自然，則合乎大道。道可應萬變而不窮，歷萬古而常新，循天之現，遵道而行，不以物害己，終身可免危殆也。十六章云：

知常容，容乃公。公乃全，全乃天，天乃道，道乃久。没身不殆。

(三)、依循常道適應自然

有道之士，處世行事，順乎自然，依循正道，實踐篤行。反之，若背道而馳，違反自然。若舉踵企立，欲高於他人，然而站立不穩，醜態畢露；併步跨行，欲速於他人，然而步履艱辛，尷尬難堪。是故，自我表現者，反而不能昭明；自以爲是者，反而不能顯著，自我跨耀者，反而徒勞無功；自大自滿者，反而不能長久。此等行爲，於道而言，猶如飯渣殘羹，駢拇贅瘤。庶人尚且厭惡，何況有道之士？故不爲也。二十四章云：

企者不立，跨者不行。自見者不明，自是者不彰，自伐者無功，自矜者不長；其在道也，曰餘食贅行。物或惡之，故有道者不處。

(四)、天法大道道法自然

夫道生萬物，厥功至偉；天澤萬物，昊天罔極；地養萬物，勞苦功高；人愛萬物，功不可没，宇宙中有天地人道四大，人爲四大之一。人應效法地之無私載，地應效法天之無私覆，天應效法道之無私有，所謂「生而不有，長而不宰」③是也。道應效法宇宙自然無爲之理也。二十五章云：

道大、天大、地大、人亦大。域中有四大，人居其一焉。人法地，地法天，天法道，道法自然。

丙、結　論

(五)、了解自然明理治事

善於處事者，順乎自然，不露痕跡；善於言語者，不作花言巧語，故無過失；善於計算者，知足常樂，不須錙銖必較，操籌算而計盈絀；善於治民者，以德化民，無爲而治，人民愛戴，何用關楗設防？善於結納者，忠信誠愨，謙恭禮讓，縱使無所拘束，而民不叛離。是故，聖人仁民愛物，人盡其才，賢愚優劣，各遂其宜，故無遺棄之人；牛溲馬勃，皆得其用，故無捨棄之物。蓋以物明理，以理治事者，謂之「襲明」。二十七章云：

善行無轍跡，善言無瑕讁，善數不用籌策，善閉無關楗而不可開，善結無繩約而不可解。是以聖人常善救人，故無棄人；常善救物，故無棄物，是謂襲明。

(六)、無爲而治效法自然

渾沌純美之道體，而發揮爲樸實自然之器物，聖君以之爲治世之用，效法自然，設官分職，領導群倫，同心同德，無爲而治。職是之故，治國之大經大法，具體完美，如大道之渾然一體，不容割裂破壞，否則，弄巧成拙，自趨滅亡也。二十八章云：

樸散則爲器，聖人用之，則爲官長，故大制不割。

(七)、天露潤物自然均匀

天地之間，陰陽二氣相合，則普降甘露，潤澤萬物，毋須人爲干涉，而自然周遍均匀，爲政之道亦然，應順其自然。道與天下之關係，猶如江海之與川谷，江海爲川谷之所匯，道爲萬物之所歸。三十二章云：

天地相合，以降甘露，民莫之令而自均。……譬道之在天下，猶川谷之於江海。

由上所述，可以得其自然無爲之天道論矣。

四、無爲論——無爲而治

(一)、順應自然無爲而治

老子以爲理想之政治，則爲無爲而治。無爲者，順應自然之道，無爲而無不爲，並非無所作爲也。夫鵠不日浴而白，烏不日黔而黑。黑白之朴，出乎自然。④否則，如揠苗助長，則有爲而傷物，此人爲而非自然無爲也。是故聖人之治理天下，教人心思虛靜，少私寡欲，造福人類，豐衣足食，心懷柔弱，以克剛強，勞力營生，強健體魄。並經常教人不習譎詐之智，不懷非分之慾，使狂妄自大自以爲聰明之人不敢妄爲，以免使人類沽名釣譽以自衒，嫉賢害能以相爭，實現「無爲而無不爲」之政治理想。故三章云：

聖人之治，虛其心，實其腹，弱其志，強其骨。常使民無知無欲，使夫智者不敢爲也。爲無爲，則無不治。

(二)、無爲處事不言施教

爲政之道，貴於無爲。若欲治理天下，當以無爲而治；若以有爲而治天下，則斷定不得成功。故二十九章云：

將欲取天下而爲之，吾見其不得已。天下神器，不可爲也。爲者敗之，執者失之。

是以聖人以無爲而處事，以不言而施教。故二章云：

聖人處無爲之事，行不言之教。萬物作焉而不辭。生而不有，爲而不恃，功成而弗居。夫惟弗居，是以不去。

生長萬物，而不據爲己有，化育萬民，而不恃己能。故十章云：

生之畜之。生而不有，爲而不恃，長而不宰。

道生萬物，而不居功。故三十四章云：

萬物辭之而生而不辭，功成不名有，衣養萬物而不爲主。

㈢、絶聖棄智無爲無欲

聖人主無爲無欲，蓋私欲足以昏亂人心，失卻理智，放縱私欲，豈能無爲？故二十九章云：

聖人去甚、去奢、去泰。

主張絶棄聖智、仁義、巧利，以降低欲望，而返樸歸眞也。故十九章云：

絶聖棄智，民利百倍；絶仁棄義，民復孝慈；絶巧棄利，盜賊無有。

蓋大同社會，聖王御世，端正而不知以爲義，相愛而不知以爲仁。迨大道淪喪，社會混亂，人心險惡，始以仁義相尚，猶如涸澤之魚，相呴以濕，相濡以沫，患病之人，雖醫藥治療也。十八章云：

大道廢，有仁義；智慧出，有大僞。六親不和，有孝慈；國家昏亂，有忠臣。

㈣、侯王無爲政行民順

道爲永恆不變之眞理，因其無形，故無以名之。大道雖然眞樸精微，卻能支配人，而人則不能支配它。侯王若能遵循大道而行，無爲而治，則政行事遂，萬民歸順。三十二章云：

> 道常無名，樸。雖小，天下莫能臣也。侯王若能守之，萬物將自賓。

由上所述，可以得其無爲而治之無爲論矣。

五、人道論——厭兵反戰

㈠、刀劍凶器不祥之物

老子之厭兵反戰，爲人道主義思想之流露。戰爭動武，互相殺戮，血流成渠，屍骨遍野，慘不忍睹，猶如凶喪不祥之事，令人悲痛欲絕，故有仁道之君子，不居心好戰。以刀劍爲凶器，乃是不祥之物，非仁人君子所喜愛者也。若無可奈何而使用武力，亦不可濫殺無辜之民。如果戰勝，亦不驕狂誇耀，若耀武揚威，此即表示其好戰好殺之心。蓋好殺之屠夫，必遭天下人之厭惡唾棄，不能實現其野心，終嘗失敗之苦果。夫戰爭殘酷，傷亡慘重，當以悲天憫人之心而哀悼陣亡將士。凱旋而歸，亦當以悲痛心情，如行喪禮，哀悼死難者。三十一章云：

> 夫兵者，不祥之器，物或惡之，故有道者不處。……兵者，不祥之器，非君子之器，不得已而用之，恬淡爲上，勝而不美，而美之者，是樂殺人。夫樂殺人者，則不可得志於天下矣。……殺人之

衆，以悲哀立之，戰勝，以喪禮處之。

㈡、軍事侵略循環報復

凡用大道輔佐君主者，不用武力侵略天下。蓋以武力服人，必遭報復，冤冤相報，循環不已。尤其是兵燹戰亂之處，田園荒蕪，荆棘叢生。哀鴻遍野，生靈塗炭。是故，大戰之後。農事廢弛，五穀不生，必定有荒亂饑饉之年。三十章云：

以道佐人主者，不以兵強天下。其事好還。師之所處，荆棘生焉；大軍之後，必有凶年。

由上所述，可以得其厭兵反戰之人道論矣。

六、處世論——守柔不爭

㈠、挫銳解紛和光同塵

老子以爲處世之道，莫過於柔弱、謙卑、居後、不爭也。不爭名利，收斂鋒芒；不譴是非，超脱糾紛；隱藏才智，而不自顯露；與塵俗相合，而不自立異；處光明之世，不流於俗；居黑暗之時，不渝其眞，而韜光養晦是也。故四章云：

挫其銳，解其紛，和其光，同其塵。

㈡、物盛則衰臨淵履冰

夫柔弱勝剛強者，蓋物極必反，物盛則衰，爭勝逞強，不合於道，不明於道，如飄風驟雨，速趨滅亡。故三十章云：

> 物壯則老，是謂不道，不道早已。

守柔並非怯懦，乃係戒愼恐懼，謹愼將事之謂也。故十五章云：

> 豫焉若冬涉川，猶兮若畏四鄰。

㈢、處下居卑受天下垢

天下萬物，莫柔於水，故老子以水喻之。水性柔弱，澤潤萬物，施而不取，居卑處下，受天下之垢，故近於道。故八章云：

> 上善若水。水善利萬物而不爭，處衆人之所惡，故幾於道。居善地，心善淵，與善仁，言善信，正善治，事善能，動善時。夫唯不爭，故無尤。

㈣、居後不爭莫能與爭

衆生皆有智巧之能，而我則若愚昧鄙陋，與世無爭。故二十章云：

> 衆人皆有以，而我獨頑似鄙。

夫人不爭，則能無私。天地無私，故能長久；聖人無私，故能永生。七章云：

> 天地所以能長且久者，以其不自生，故能長生。是以聖人後其身而身先，外其身而身存。非以其無私邪？故能成其私。

天地無私心，澤潤萬物；聖人無愛憎，造福萬民。故五章云：

丙、結　論

天地不仁，以萬物爲芻狗；聖人不仁，以百姓爲芻狗。

是故不與人爭勝，所以天下人亦不與之爭。二十二章云：

夫唯不爭，故天下莫能與之爭。

其此之謂乎？

(五)、知榮守辱虛懷若谷

明知俗人爭雄，追逐功名利祿，榮華富貴，如群蠅之逐臭，如飛蛾之撲火；而我則與世無爭，甘願雌伏，處於柔弱，因知剛則折，銳則鈍；柔能克剛，弱能勝強之理，作爲天下之谿壑，萬川歸之，虛懷若谷，有容乃大。順乎經常不變永恆之道，回返於赤子之心，純眞自然。明知俗人淺薄無知，自以爲明白通達，狂妄自大，災禍惹身；而我則大智若愚，闇然不顯，韜光養晦，寧於禍福，足可爲天下人處世之準則。如此則不失爲常道，返樸歸眞於無窮無盡之境界。明知俗人奔走鑽營爭取榮華富貴，而我則視之如浮雲，甘居卑賤，淡泊明志，作爲天下之谿谷，容忍一切榮辱。如此則常道充足不損，回返於純樸大道之境矣。二十八章云：

知其榮，守其雌，爲天下谿。爲天下谿，常德不離，復歸於嬰兒。知其白，守其黑，爲天下式。爲天下式，常德不忒，復歸於無極。知其榮，守其辱，爲天下谷。爲天下谷，常德乃足，復歸於樸。

由上所述，可以得其守柔不爭之處世論矣。

七、修身論——清靜寡欲

㈠、淡泊名利心如赤子

老子以爲修身之道，莫過於清靜寡欲，不失赤子之心也。任自然之氣，致柔和之境，而如嬰兒之天眞乎？十章云：

專氣致柔，能嬰兒乎？

衆人以追逐名利爲樂，如饗山珍海味之盛宴，如遊亭臺樓閣之情趣；而我卻淡然處之，如赤子之心，於金玉珠寶，榮華富貴，無動於衷，淡泊名利，猶如無所羈絆之天涯遊子。二十章云：

衆人熙熙，如享太牢，如春登臺。我獨泊兮其未兆，如嬰兒之未孩，儽儽兮若無所歸。

順乎眞常不變永恆之道，回返於赤子之心，純眞自然。二十八章云：

常德不離，復歸於嬰兒。

㈡、少私寡欲保性全眞

夫私心欲望，與生俱來，隨嬰兒成長而俱增。《禮記》云：

飲食男女，人之大欲存焉。⑤

禁絕私欲，違背情理，故老子主張：

少私寡欲。⑥

丙、結　論

唯玩物喪志，欲壑難填，聲色犬馬，有害身心，不如少私寡欲，保性全眞。十二章云：

五色令人目盲，五音令人耳聾，五味令人口爽。馳騁畋獵，令人心發狂；難得之貨，令人行妨。是以聖人爲腹不爲目，故去彼取此。

㈢、富不奢侈貧則知足

淡泊寧靜，清心寡欲，爲養生之道，即財產富厚，亦不宜奢侈浪費。二十九章云：

聖人去甚、去泰、去奢。

若境遇坷坎，君子固窮，知足常樂，視富貴如浮雲，雖簞食瓢飲，蝸居陋巷，窮於物質，而精神富足，亦自得其樂。故三十三章云：

知足者富。

㈣、心無欲念安寧清靜

苟能知足，則能淡泊清靜，不致輕率浮躁，謹愼將事。二十六章云：

重爲輕根，靜爲躁君。……輕則失根，躁則失君。

故儘量使心境空無欲念以體道，保持安寧清靜以觀物。萬物欣欣向榮而生長，當以虛靜之心，觀察萬物反復循環之道。萬物變化紛紜，生生不息，其終必歸返於原始之道，於是形象寂滅，趨向於無形之道，故謂之寧靜。十六章云：

致虛靜，守靜篤。萬物並作，吾以觀復。夫物芸芸，各復歸其根。歸根曰靜，是謂復命。

㈤、遵守常道順乎自然

夫生動死靜，反復循環，此乃自然之常道。知此常道，順乎自然，故謂之明智。反之，不明天道往復之理，違天理以圖苟生，縱私欲大膽妄爲，終致罪無可逭之禍。十六章云：

復命曰常，知常曰明。不知常，妄作凶。

常即常道，爲當然之理，亦即天地自然之道。故人應遵守常道，不失常道，不損常道。二十八章云：

常德不離，復歸於嬰兒。……常德不忒，復歸於無極。……常德乃足，復歸於樸。

苟失常道，則患得患失。獲得榮寵，則感驚喜；遇到恥辱，則感驚恐。十三章云：

何謂寵辱若驚？寵爲上，辱爲下，得之若驚，失之若驚，是謂寵辱若驚。

職是之故，大德之人，其人生處世態度，言語動作，唯有遵循自然之道而行。二十一章云：

孔德之容，惟道是從。

由上所述，可以得其清靜寡欲之修身論矣。

總而言之，老子之道：由宇宙論，而知道生萬物之思想；由相對論，而知相互倚存之思想；由天道論，而知自然無爲之思想；由無爲論，而知無爲而治之思想；由人道論，而知厭兵反戰之思想；由處世論，而知守柔不爭之思想；由修身論，而知清靜寡欲之思想。並由此門徑，登堂入室，窺測堂奧，舉一反三，得悟三昧矣。

丙、結　論

【附 注】

①郭慶藩《莊子集釋》卷六下，〈秋水〉第十七，頁五七四。

②《淮南子》卷十八，頁三一一。〈人間訓〉云：夫禍福之轉而相生，其變難見也。近塞上之人，有善術者，馬無故亡而入胡，人皆弔之。其父曰：「此何遽不爲福乎？」居數月，其馬將胡駿馬而歸，人皆賀之。其父曰：「此何遽不能爲禍乎？」家富良馬，其子好騎，墮而折其髀，人皆弔之。其父曰：「此何遽不爲福乎？」居一年，胡人大入塞，丁壯皆引弦而戰，近塞之人，死者十九，此獨以跛之故，父子相保。故福之爲禍，禍之爲福，化不可極，深不可測也。（台北市，世界書局，民國六十一年，《新編諸子集成》第七冊。）

③王弼注《老子道德經》上篇，〈第十章〉頁六。（台北市，世界書局，民國六十一年，《新編諸子集成》第三冊。）

④同注①，〈天運〉第十四，頁五二二。

⑤《禮記注疏》卷二十二，〈禮運〉第九，頁一，總頁四三〇。（台北市，藝文印書館，民國五十四年，重刊宋本《十三經注疏》第五冊。）

⑥同注③，〈第十九章〉頁一〇。

主要參考及引用書目

一、經　部

周易正義　孔穎達　藝文印書館
尚書正義　孔穎達　藝文印書館
禮記正義　孔穎達　藝文印書館
春秋左傳正義　孔穎達　藝文印書館
春秋穀梁傳注疏　楊士勛　藝文印書館
論語注疏　邢　昺　藝文印書館
孟子注疏　孫　奭　藝文印書館

二、史　部

(一)、正史類

史記　司馬遷　世界書局
漢書　班固　世界書局
後漢書　范曄　世界書局
三國志　陳壽　世界書局
晉書　房玄齡等　鼎文書局
新唐書　歐陽修等　鼎文書局
宋史　脫脫等　鼎文書局

(二)、雜史類

國語注　韋昭　里仁書局
戰國策　劉向　里仁書局

三、子　部

(一)、儒　家

荀子柬釋　梁啟雄　河洛出版社
顏氏家訓　顏之推　世界書局

(二)、道　家

解老	韓　非	藝文印書館（無求備齋老子集成）
喻老	韓　非	〃
道德指歸論	嚴　遵	〃
老子注	嚴　遵	〃
道德指歸論注	谷神子	〃
老子節解	葛　玄	〃
道德眞經注	王　弼	〃
老子微旨例略	王　弼	〃
老子道德經	河上公	〃
老子音義	陸德明	〃
老子治要	魏　徵	〃
道德經古本篇	傅　奕	〃
玄言新記明老部	顏師古	〃
道德經開題序訣義疏	成玄英	〃
道德眞經注	李　榮	〃
老子意林	馬　總	〃

道德經論兵要義述	王眞	〃
道德眞經傳	陸希聲	〃
道德經注疏	顧歡	〃
道德經疏義節解	喬諷	〃
道德篇章玄頌	宋鸞	〃
老子注	王安石	〃
老子解	蘇轍	〃
老子論	程俱	〃
老子解	葉夢得	〃
易老通言	程大昌	〃
老子略解	員興宗	〃
道德眞經四子古道集解	寇質才	〃
音註老子道德經	呂祖謙	〃
道德寶章	葛長庚	〃
道德眞經集解	趙秉文	〃
道德眞經集解	董思靖	〃

道德眞經義解　李嘉謀　〃

老子鬳齋口義　林希逸　〃

纂圖互注老子道德經　龔士高　〃

老子道德古本集註　范應元　〃

老子道德經評點　劉辰翁　〃

道德眞經章句訓頌　張嗣成　〃

道德經轉語　陳觀吾　〃

道德眞經注　吳　澄　〃

太上老子道德經　何道全　〃

道德眞經頌　蔣融庵　〃

老子集解　薛　蕙　〃

道德經註解　張洪陽　〃

老子道德經解　釋德清　〃

老子通義　朱得之　〃

老子億　王　道　〃

老子道德經玄覽　陸長庚　〃

老子道德經類纂	沈津	〃
老子	王樵	〃
老子解	李贄	〃
老子道德經參補	張登雲	〃
老子通	沈一貫	〃
老子翼	焦竑	〃
道德經釋略	林兆恩	〃
老子品節	陳深	〃
老子解	徐學謨	〃
道德經釋辭	王一清	〃
道德經	彭好古	〃
道德經評點	歸有光	〃
道德經精解	陳懿典	〃
老子嫏嬛	鍾惺	〃
老子文歸	鍾惺	〃
陶周望解老	陶望齡	〃

老子斷註	趙 統	〃
道德經測	洪應召	〃
老子或問	龔修默	〃
道德經集註	潘基慶	〃
老子道德經薈解	郭良翰	〃
老子奇賞	陳仁錫	〃
太上道德寶章翼	程可寧	〃
道德經解	顧錫疇	〃
老子本義	魏 源	世界書局
老子衍	王夫之	河洛圖書出版社
諸子平議（老子	俞 樾	世界書局
老子考異	畢 沅	東洋大學出版部
老子王註考正	波多野太郎	橫濱市立大學
老子探義	王 淮	商務印書館
老子正詁	高 亨	開明書店
老子哲學	胡哲敷	中華書局

老子斠證譯釋	張揚明	維新書局
老子學術思想	張揚明	黎明文化公司
老子想爾注校箋	饒宗頤	香港大學
老子選注	陳　柱	商務印書館
老子校詁	蔣錫昌	成都古籍書店
老子正解	紀敦詩	商務印書館
讀老莊札記	陶鴻慶	藝文印書館
老子新證	于省吾	藝文印書館
莊老通釋	錢　穆	香港新亞研究所
老子哲學	張起鈞	正中書局
老子	張起鈞	協志出版公司
智慧的老子	張起鈞	新天地書局
禪與老莊	吳　怡	三民書局
老子的政治思想	蔡明田	世界書局
老子今註今譯	陳鼓應	商務印書館
老子達解	嚴靈峰	華正書局

老子章句新編　嚴靈峰　中華文化出版社
老子韓氏說　陳　柱　西南書局
老子注　陳　澧　商務印書館
老子釋譯　朱謙之　里仁書局
老子校詁　馬敘倫　綜合出版社
老子身世及其兵學思想探賾　袁宙宗　商務印書館
老子考　王有三　東昇出版社
老子他說（上）　南懷瑾　老古文化公司
老子義疏注全集　吳靜宇　大衆書局
老子新學案　胡汝章、黎功勤　王家出版社
老子釋例　温文錫　文津出版社
老子河上公注疏證　鄭成海　華正書局
老子微　鄭　琳　文史哲出版社
老學九篇　陳　柱、王　協　鳴宇出版社
老子新釋　張默生　大夏出版社
老子論集　鄭良樹　世界書局

老莊哲學研究　賴榕祥　綜合出版社
老子要義　周紹賢　中華書局
老子別裁　釋白光　武陵出版社
老子的智慧　林語堂　武陵出版社
老子新譯　任繼愈　谷風出版社
老子忖原　王素存　商務印書館
老子試讀　劉光弼　商務印書館
老子讀本　余培林　三民書局
生命的大智慧——老子　余培林　時報出版公司
道德經注譯與釋解　賀榮一　五南出版公司
老子之道治主義　賀榮一　五南出版公司
老子校讀　張松如　吉林人民出版社
馬王堆帛書老子試探　嚴靈峰　河洛出版社
帛書老子　河　洛編　河洛出版社
竹簡帛書論文集　鄭良樹　源流出版社
帛書老子注譯與研究　許抗生　浙江人民出版社

帛書老子釋文　整理組　文物出版社
帛書老子　整理組　文物出版社
馬王堆漢墓帛書老子　整理組　文物出版社
老子注釋　編輯部　上海人民出版社
馬王堆帛書老子甲乙本　赤井清美　日本東京堂
竹簡帛書　編輯部　藝文印書館
長沙馬王堆漢墓帛書概述　曉　菡　木鐸出版社
讀馬王堆出土的《老子》　波多野太郎　木鐸出版社
談長沙馬王堆漢墓帛書　唐　蘭等　木鐸出版社
楚帛書老子德先道後問題蠡測　邱德修　中華文化復興會
老子在戰國只有一種道家傳本　邱錫昉　文物出版社
老子甲本爲秦楚間寫本說　周采泉　吉林人民出版社
帛書老子所反映出的問題　徐復觀　香港明報出版社
道家帛書　冉雲華　通報出版社
莊子集釋　郭慶藩　河洛出版社
莊子寓言研究　葉程義　義聲出版社

列子注	張　湛	世界書局
文子纘義	杜道堅	先知出版社

㈢、法　家

管子纂詁	安井衡	河洛出版社
韓非子集釋	陳奇猷	河洛出版社

㈣、墨　家

晏子春秋校注	張純一	世界書局

㈤、雜　家

淮南子注	高　誘	世界書局

㈥、釋　家

大般涅槃經	曇無讖譯	佛教出版社
百喻經	求那毗地	佛教出版社
大方廣佛華嚴經疏	澄　觀	佛教出版社
六祖大師法寶壇經解義	惠　能	佛教出版社
指月錄	霍汝稷	佛教出版社